utb 5435

AF142632

Eine Arbeitsgemeinschaft der Verlage

Brill | Schöningh – Fink · Paderborn
Brill | Vandenhoeck & Ruprecht · Göttingen – Böhlau · Wien · Köln
Verlag Barbara Budrich · Opladen · Toronto
facultas · Wien
Haupt Verlag · Bern
Verlag Julius Klinkhardt · Bad Heilbrunn
Mohr Siebeck · Tübingen
Narr Francke Attempto Verlag – expert verlag · Tübingen
Psychiatrie Verlag · Köln
Ernst Reinhardt Verlag · München
transcript Verlag · Bielefeld
Verlag Eugen Ulmer · Stuttgart
UVK Verlag · München
Waxmann · Münster · New York
wbv Publikation · Bielefeld
Wochenschau Verlag · Frankfurt am Main

Prof. Dr. Michael von Hauff war bis 2020 Inhaber des Lehrstuhls für Volkswirtschaftslehre, insbesondere Wirtschaftspolitik und internationale Wirtschaftsbeziehungen an der TU Kaiserslautern. Seine Forschungsschwerpunkte liegen in der Umwelt- und Entwicklungsökonomie. Er hat eine Vielzahl von Arbeiten über den Zusammenhang von Ökologie und Ökonomie und über die ökonomische und ökologische Entwicklung von Entwicklungsländern wie Indien, Vietnam und Myanmar publiziert. In den letzten Jahren hat er sich besonders dem Leitbild Nachhaltiger Entwicklung im Rahmen von Publikationen und Forschungsprojekten zugewandt. Der Studiengang „Nachhaltige Entwicklungszusammenarbeit" am Fernstudienzentrum der TU Kaiserslautern geht auf seine Initiative zurück.

Michael von Hauff

Nachhaltigkeit für Deutschland? Frag doch einfach!

Klare Antworten aus erster Hand

2., aktualisierte und erweiterte Auflage

UVK Verlag · München

Umschlagabbildung und Kapiteleinstiegsseiten: © bgblue – iStock
Abbildungen im Innenteil: Figur, Lupe, Glühbirne: © Die Illustrationsagentur
Autorenfoto: privat

Bibliografische Information der Deutschen Nationalbibliothek
Die Deutsche Nationalbibliothek verzeichnet diese Publikation in der Deutschen Nationalbibliografie; detaillierte bibliografische Daten sind im Internet über http://dnb.dnb.de abrufbar.

2. Auflage 2024
1. Auflage 2020

© UVK Verlag 2024
– Ein Unternehmen der Narr Francke Attempto Verlag GmbH + Co. KG
Dischingerweg 5 · D-72070 Tübingen

Internet: www.narr.de · eMail: info@narr.de

Einbandgestaltung: Atelier Reichert, Stuttgart
CPI books GmbH, Leck

utb-Nr. 5435
ISBN 978-3-8252-6353-9 (Print)
ISBN 978-3-8385-6353-4 (ePDF)
ISBN 978-3-8463-6353-9 (ePub)

Alle Fragen im Überblick

Vorwort

Nachhaltige Entwicklung gilt unter Experten als zukunftsorientiertes Leitbild bzw. Paradigma. Diesem Leitbild hat die Völkergemeinschaft erstmals 1992 auf der Konferenz in Rio de Janeiro als dem Leitbild des 21sten Jahrhunderts zugestimmt. Die Neuorientierung, die durch dieses Leitbild vorgegeben wurde und den global vorherrschenden Mainstream des Neoliberalismus ablösen sollte, führte zunächst zu einer großen Euphorie. Sie basierte auf der Hoffnung, dass nachhaltige Entwicklung bei konsequenter Umsetzung einen wichtigen Beitrag zur Lösung oder zumindest zur Verringerung der drängenden Probleme wie Klimawandel, Rückgang der Biodiversität, Armut, Hunger, ungleiche Verteilung, Gendergerechtigkeit aber auch militärische Konflikt beitragen könnte.

Zwischen Hoffnung und der konkreten Entwicklung kam es jedoch zu einer Kluft: vielfach beließ man es dabei die Probleme zu beklagen oder zu verdrängen. Viele Verantwortungsträger gingen überwiegend auf den vertrauten Pfaden einer nicht nachhaltigen Entwicklung weiter, oder beschränkten sich auf einige wenige Reformen. Eine umfassende Transformation, wie sie in dem Leitbild angelegt und gefordert wird, bleibt bisher aus. Dabei steht gerade jetzt in der aktuellen Krise die verbreitete Forderung: „so können wir nicht weiter wirtschaften", verstärkt im Raum und wird in zunehmendem Maße von Politikern, Wissenschaftlern, Vertretern der Kirche aber auch von Vertretern aus der Wirtschaft vorgetragen.

Nachhaltigkeit wurde bisher begrifflich in verschiedene Bereiche der Gesellschaft in unterschiedlicher Intensität und Intention eingeführt. In der Wirtschaft wird bei der Produktion und den Produkten vieles schon als nachhaltig ausgewiesen. Besonders in der Werbung wird der Begriff häufig genutzt, ohne dass Experten oder auch allgemein den Konsumenten immer klar wird, warum eine Produktion oder ein Produkt als nachhaltig ausgezeichnet und beworben wird. Für viele Unternehmen gehört es in diesem Kontext heute zur Imagepflege sich im Internet in Hochglanzbroschüren als nachhaltiges Unternehmen und damit als progressiv und verantwortungsvoll zu generieren. Dabei gibt es durchaus Unternehmen, die sich dem Leitbild ernsthaft verpflichtet fühlen und bei der Umsetzung auf einem guten Weg sind.

In der Wissenschaft gibt es einige Disziplinen, wie z. B. die Architektur oder das (Bau-)Ingenieurwesen, aber auch die Sozialwissenschaften, die Nachhaltigkeit zunehmend entdecken. Die Ingenieurwissenschaften wenden sich bisher primär der ökologischen Nachhaltigkeit zu. Es geht also darum umweltschonendere Produktionsanlagen bzw. Maschinen und Produkte zu entwickeln und herzustellen. Dabei geht es dann um eine höhere Energieeffizienz oder um eine ressourcensparende Produktion. Hier gibt es teilweise vielversprechende Entwicklungen. Aber auch in den Sozialwissenschaften wenden sich einige Vertreter der verschiedenen Disziplinen der nachhaltigen Entwicklung teilweise systematisch zu. So entstand beispielsweise die Nachhaltigkeitsökonomie, die sich von der noch dominierenden Mainstream Ökonomie deutlich unterscheidet.

Der Bildungssektor, der sich besonders der nachhaltigen Entwicklung zuwenden sollte, da Schüler und Studierende in ihrem zukünftigen Arbeitsleben mit dem Thema vertraut sein sollten, geht das Thema noch eher zurückhaltend bzw. partiell an. Fragt man Schüler oder Studierende über ihre Kenntnisse zur nachhaltigen Entwicklung, so haben sie zu dem Thema meistens – wenn überhaupt – nur rudimentäre Vorstellungen bzw. Kenntnisse. Es gibt jedoch einige Schulen und Hochschulen, die eine Vorreiterrolle einnehmen. Zu nennen sind beispielsweise die Universität Lüneburg oder die Hochschule für Nachhaltigkeit Eberswalde. Aber sie sind bisher in Deutschland noch die Ausnahme.

In der Politik kann man eine gewisse Ambivalenz feststellen: Einerseits hat Deutschland eine ambitionierte nationale Nachhaltigkeitsstrategie und auch Bundesländer haben auf Landesebene oft eigene Nachhaltigkeitsstrategien, die im Vorwort als wichtige Grundlage für die Politikgestaltung ausgewiesen werden. In politischen Statements oder Diskussionen wird von Politikern jedoch darauf kaum Bezug genommen. Auch die Politikstile, die z. B. auf mehr Partizipation ausgerichtet sein sollten, haben sich noch nicht konsequent in Richtung Nachhaltigkeit weiterentwickelt. Eine häufige Begründung ist: mit Nachhaltigkeit kann man keine Wahl gewinnen. Daher ist eine nachhaltigkeitsorientierte Politik (noch) nicht opportun. Dabei mangelt es nicht an Literatur zur Gestaltung bzw. Umsetzung einer nachhaltigen Politik. (vgl. u. a. v. Hauff, Nguyen 2013)

Die Medien nehmen das Thema bisher auch noch nicht in ausreichendem Maße wahr. Die Vielzahl der Talkshows beschränkt sich in kaum zu überbietenden Wiederholungen auf „Tagesereignisse". Natürlich werden einige Themen, die der nachhaltigen Entwicklung zuzuordnen sind, diskutiert.

Dabei steht der Klimawandel im Mittelpunkt, wobei z. B. der dramatische Rückgang der Biodiversität und seine Folgen auch in den Medien viel mehr Beachtung verdient. Klimawandel wird jedoch häufig unzureichend bzw. verengt wahrgenommen und diskutiert.

So wurde z. B. bisher die Beziehung zwischen Klimawandel und Wirtschaftswachstum, ein sehr komplexes Thema, weitgehend verdrängt. Dabei ist die Kausalität klar: ein steigendes Wirtschaftswachstum trägt tendenziell zur Verschärfung des Klimawandels bei und ein fortschreitender Klimawandel wirkt sich tendenziell negativ auf die wirtschaftliche Entwicklung bzw. das Wachstum aus. Dabei ist Wachstum in unserem Wirtschaftssystem eine wichtige Voraussetzung für eine positive Entwicklung am Arbeitsmarkt, die Stabilisierung der sozialen Sicherungssysteme und für das Staatsbudget, das für die wachsenden Aufgaben des Staates u. a. für Gesellschaft, Wirtschaft, Kultur und Wissenschaft von großer Bedeutung ist. Dennoch gilt auch hier: Einige Medien beschäftigen sich mit nachhaltiger Entwicklung immer wieder im Rahmen von fundierten Beiträgen, die den ganzheitlichen Ansatz behandeln und Möglichkeiten zur Umsetzung aufzeigen.

Ein erstes Resümee ist somit: Nachhaltige Entwicklung fordert einen grundsätzlich neuen Denk- und Politikstil, der ganzheitlich ausgerichtet ist. Es reicht nicht sich auf einige Aspekte nachhaltiger Entwicklung zu beschränken. Es geht vielmehr darum die ökologische, die wirtschaftliche und die soziale, d.h. die gesellschaftliche Dimension zusammen zu denken, was dann auch zu einem ganz neuen Stabilitätsdenken führt. Dabei muss die nachhaltige Stabilitätsformel von den Grenzen der Belastbarkeit der Natur bzw. der ökologischen Systeme ausgehen und diese als unwiderruflich akzeptieren.

Das komplexe Leitbild wird in diesem Buch vorgestellt. Es wird auch exemplarisch aufgezeigt, wie sich nachhaltige Entwicklung umsetzen lässt und welche Hemmnisse zu überwinden sind. Eine wesentliche Forderung dieses Buches primär an die Politik aber auch an andere gesellschaftliche Akteure ist, dass ein kohärentes Nachhaltigkeitskonzept bzw. Nachhaltigkeitsstrategie entwickelt und angestrebt wird. Die zentrale Grundposition dieses Buches, die auch eine Antwort auf die Feststellung gibt „so kann es nicht weiter gehen" ist:

Es gibt für die Menschheit keine Alternative zur nachhaltigen Entwicklung die erfolgversprechender für eine nationale, aber auch globale Stabilität im Sinne einer ökologischen, ökonomischen und sozialen Ausgewogenheit einschließlich der Gerechtigkeit ist.

In dem Buch werden hierzu wichtige Fragen beantwortet. Dabei können nicht alle relevanten Fragen in der ausreichenden Tiefe beantwortet werden. Eine Vertiefung wird daher durch weiterführende Literaturquellen möglich. Die mehr als zwanzigjährige Forschungsarbeit des Autors zur Nachhaltigkeitsökonomie wurde durch viele Kolleginnen und Kollegen, Mitarbeiter aber auch Studierende bereichert. Allen gilt Dank, ohne sie im Einzelnen nennen zu können. Im Rahmen dieses Buches gilt mein besonderer Dank Herrn Dr. Jürgen Schechler vom UVK Verlag München, der die Konzeption entwickelt hat und mir mit wichtigen Anregungen ganz wesentliche Impulse gab. Dank gilt auch meiner ehemaligen Mitarbeiterin Julie Vesque, die mich bei der Gestaltung stets hilfsbereit unterstützt hat.

Stuttgart im August 2024   Michael von Hauff

Was die verwendeten Symbole bedeuten

 Toni verrät dir spannende Literaturtipps, YouTube-Seiten und Blogs im World Wide Web.

 Die Glühbirne zeigt eine Schlüsselfrage an. Das ist eine der Fragen zum Thema, deren Antwort du unbedingt lessen solltest.

 Die Lupe weist dich auf eine Expertenfrage hin. Hier geht die Antwort ziemlich in die Tiefe. Sie richtet sich an alle, die es ganz genau wissen wollen.

→ Wichtige Begriffe sind mit einem Pfeil gekennzeichnet und werden im Glossar erklärt.

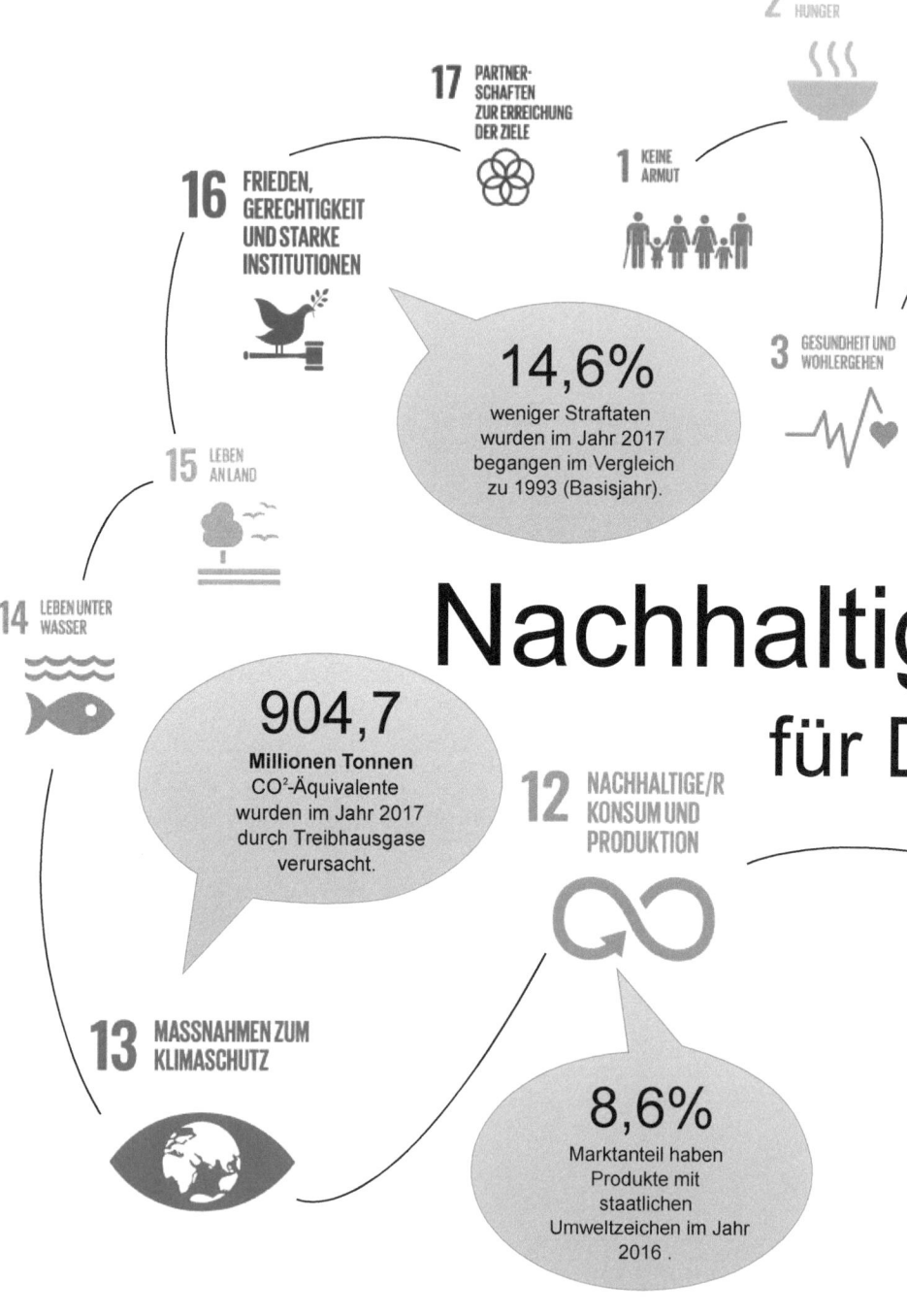

Quelle: destatis.de

Nachhaltigkeit in Zahlen

 Dieses Kapitel gibt anhand von einigen Grafiken und Statistiken einen ersten Einblick in das Thema.

Was sind die wichtigsten Zahlen und Fakten zum Thema Nachhaltigkeit?

Das Leitbild nachhaltige Entwicklung wurde 1992 auf der **Konferenz in Rio de Janeiro** als neues globales Leitbild von der Völkergemeinschaft angenommen. Bisher ist das Leitbild jedoch auch in Deutschland nur bedingt verankert, obwohl eine ambitionierte nationale Nachhaltigkeitsstrategie vorliegt. Dabei steht schon in dem Aktionsprogramm →**„Agenda 21"**, das auf der Rio Konferenz beschlossen wurde, dass die Bevölkerung jedes Landes, aber auch die verschiedenen gesellschaftlichen Akteure wie Unternehmen, Schulen und Hochschulen, Kirchen und Verbände bei der Ausgestaltung und Umsetzung in einem partizipativen Prozess verantwortlich mitwirken sollen. Daher stellt sich zunächst auch für Deutschland die Frage nach dem Bekanntheitsgrad des Begriffs nachhaltige Entwicklung. Dabei zeigt sich, dass in den vergangenen Jahren zwei Auffälligkeiten festzustellen sind:

Der Begriff Nachhaltigkeit ist etwas mehr als einem Drittel der Bevölkerung gut bekannt. Zwischen 45 und 47 Prozent der Befragten kommt der Begriff bekannt vor. Ob und in welchem Maße ihnen die Anforderungen der nachhaltigen Entwicklung bekannt sind, d. h. was damit wirklich angestrebt und erreicht werden soll, wird aus der Befragung nicht deutlich. Etwa 15 Prozent haben zu dem Begriff keinen Bezug.

Fast 85 Prozent der Befragten ist der Begriff schon „einmal begegnet". Es lässt sich jedoch eine gewisse Stagnation feststellen. Mit zunehmendem Alter der Befragten bis 50 Jahre nimmt die Bekanntheit zu und sinkt dann wieder ab. Der Bekanntheitsgrad hat sich sowohl geschlechtsspezifisch als auch regional (Ost – West) weitgehend angeglichen.

1 | Die Bekanntheit des Begriffs Nachhaltigkeit stagniert
Quelle: GfK 2015

In einer neueren Befragung des Umweltbundesamts sieht die Bevölkerung in einer nachhaltigen Entwicklung große Chancen. Etwa 80 Prozent sind der Ansicht, dass nachhaltige Entwicklung ihre Lebensqualität verbessert und mehr Naturverbundenheit ermöglicht. Mehr als 50 Prozent erwartet von einer nachhaltigen Entwicklung, dass sie zu mehr Gemeinschaft unter den Menschen führt und mehr Zeit für selbstbestimmte Lebensgestaltung lässt. Schließlich erhofft sich die Mehrheit, dass sich die Wirtschaft mehr an den Bedürfnissen der Menschen ausrichtet.

Aus der folgenden Abbildung wird deutlich, wie die Befragten die einzelnen Kategorien einschätzen: sie reichen grundsätzlich von sehr wahrscheinlich bis überhaupt nicht wahrscheinlich. Bei der Kategorie „Mehr Gesundheit für die Menschen" sind die Erwartungen mit „sehr wahrscheinlich" 38 Prozent und „eher wahrscheinlich" 46 Prozent am höchsten. Bei der Kategorie „Die Verbreitung von Lebensweisen, in denen Einkommen, Konsum und Besitz weniger wichtig sind" fällt dagegen deutlich ab: 36 Prozent der Befragten schätzen das als „eher nicht wahrscheinlich" bzw. 9 Prozent als „überhaupt nicht wahrscheinlich" ein. Fazit: Die Auswirkungen nachhaltiger Entwicklung auf wichtige Lebensbereiche sind bisher noch nicht „überschwänglich".

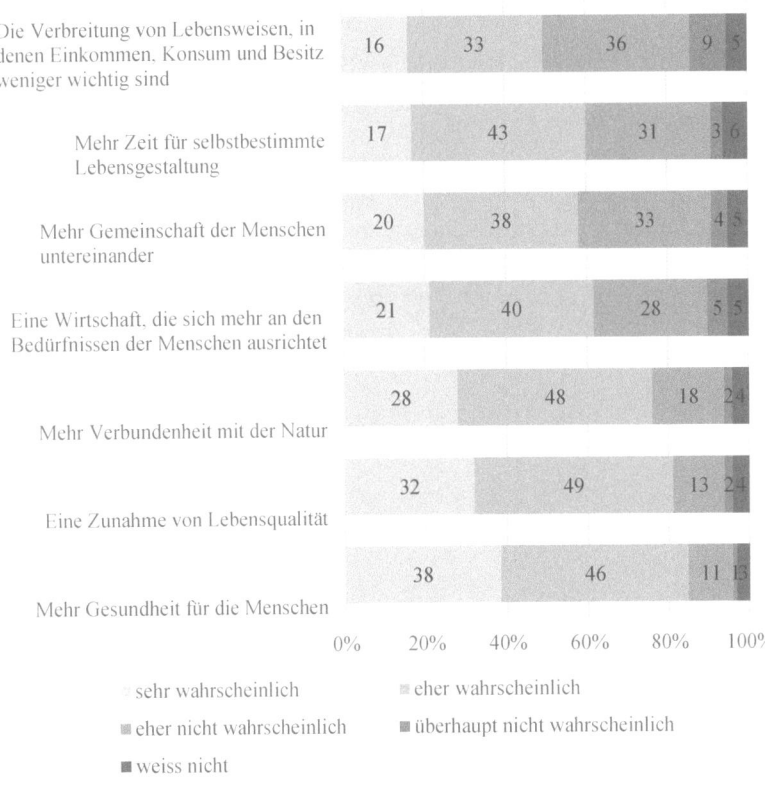

2 | Die Bedeutung einzelner Lebensbereiche im Rahmen nachhaltiger Entwicklung
Quelle: Umweltbundesamt 2019

2015 wurde auf dem UN-Sondergipfel die →**Agenda 2030** mit den 17 Nachhaltigkeitszielen (Sustainable Development Goals SDGs) von der Völkergemeinschaft angenommen. Durch die SDGs bekam die nachhaltige Entwicklung eine weitere Konkretisierung. Daher konzentriert sich die Frage der Bekanntheit ab 2015 auf die →Agenda 2030. Die Agenda gilt für alle Länder, d.h. für Entwicklungs- und Industrieländer. Dadurch wurde weltweit ein gemeinsames Grundverständnis von nachhaltiger Entwicklung angestrebt und alle Länder haben durch die SDGs die gleiche Ausgangssituation: Alle Länder haben sich dazu verpflichtet auf der Grundlage der 17 Ziele eine nationale Nachhaltigkeitsstrategie zu entwickeln.

Insofern sollte heute also die →Agenda 2030 im Mittelpunkt des Interesses stehen. Bisher wird jedoch in den meisten Ländern vernachlässigt die Bevölkerung in den Prozess der Ausgestaltung und Umsetzung ausreichend mit einzubeziehen. Daher ist es nicht verwunderlich, dass in Deutschland weniger als 10 Prozent der Befragten angaben, dass sie von der Agenda 2030 schon gehört hätten und auch eine Vorstellung haben, was damit angestrebt wird. 23 Prozent haben den Begriff schon einmal gehört, aber wissen nicht, worum es geht. Zwei Drittel haben davon noch nichts gehört. (Gleser, Schneider, Buder 2018, S. 50) Auffällig dabei ist, dass in dem Zeitraum zwischen 2015 und 2017 keine Veränderung hinsichtlich der Bekanntheit stattfand.

Nachhaltigkeit: Der Status quo

 Nun geht es richtig los: der Begriff „Nachhaltigkeit" wird erklärt, seine Bedeutung und Ziele erläutert und der aktuelle Stand in Punkto nachhaltige Entwicklung dargestellt.

Wofür steht Nachhaltigkeit?

Auf der Konferenz in Rio de Janeiro (United Nations Conference on Environment and Development/UNCED) verpflichteten sich 178 Nationen zu dem Leitbild nachhaltiger Entwicklung. Besondere Beachtung verdient das Programm zur Umsetzung des Leitbildes: die →Agenda 21 als Aktionsprogramm für das 21. Jahrhundert. Obwohl das Leitbild zunächst international eine große Popularität erfuhr, ist es – wie schon aufgezeigt wurde – bis heute in der Bevölkerung nur in relativ geringem Maße bekannt. Um die Frage beantworten zu können, wofür steht Nachhaltigkeit, müssen zunächst einige grundlegende Zusammenhänge geklärt werden. Dabei geht es auch um die Fragen, ob sich der Begriff inhaltlich verändert hat, wie er heute inhaltlich verwendet wird und wie es zu diesem neuen Leitbild kam.

Woher kommt der Begriff?

Das Leitbild der nachhaltigen Entwicklung hatte viele Vorläufer. Seinen Ursprung hat der Begriff jedoch in der **Wald- bzw. Forstwirtschaft**. Die damaligen Erkenntnisse haben heute wieder eine große Bedeutung. Es war der Freiberger Oberberghauptmann **Hans Carl von Carlowitz** der den Begriff nachhaltig prägte (v. Hauff 2021, S. 2). Er fügte ihn in seiner Abhandlung „Sylvicultura Oeconomica" aus dem Jahr 1713, also vor über 300 Jahren ein. Er forderte in seiner Abhandlung eine „continuierliche und beständig nachhaltende Nutzung" von Holz. Hierzu ein wörtliches Zitat von ihm:

> *„Denn je mehr Jahr vergehen, in welchem nichts gepflanzet und gesaet wird, je langsamer hat man den Nutzen zugewarten, und um so viel tausend leidet man von Zeit zu Zeit Schaden, ja um so viel mehr geschickt weitere Verwüstung, daß endlich die annoch vorhandenen Gehöltze angegriffen, vollends consumiret und sich je mehr und mehr vermindern müssen. ... Wo Schaden aus unterbliebener Arbeit kommt, da wächst der Menschen Armuth und Dürfftigkeit. Es lässet sich auch der Anbau des Holtzes nicht so schleunig wie der Acker-Bau tractiren (von Carlowitz 1713, S. 105)."*

Seine Überlegungen basierten darauf, dass der Bergbau und die Verhüttung einen hohen Holzbedarf verursachten. Dadurch kam es zu einer zunehmenden Entwaldung und das Holz musste über immer größere Entfernungen transportiert werden. Dadurch stieg der Preis für Holz und es wurde eine wachsende Holzknappheit befürchtet. Hinzu kam, dass die Menschen in diesen Regionen befürchteten, dass sie aufgrund des Holzmangels ihre Arbeit verlieren. Das wurde im Prinzip vielfach als Vorläufer des ersten Berichts an den Club of Rome mit dem Titel „Grenzen des Wachstums" gesehen.

Von Carlowitz beschränkte sich jedoch nicht nur auf die Darstellung des Problems, sondern entwickelte neue Grundsätze wie die Holzknappheit für immer überwunden werden kann. Sein Grundgedanke war: in der Forstwirtschaft muss ökonomisches Handeln mit den Erfordernissen der Natur in Einklang gebracht werden. Heute würde man sagen: Forstwirtschaft aber auch andere Bereiche wirtschaftlichen Handelns müssen mit den Grenzen oder Leitplanken der Natur harmonieren. Seine Maxime, die dann 1775 in die Weimarische Forst-Ordnung einging, war: Pro Jahr darf nicht mehr Holz geschlagen werden, als nachwächst.

Hat sich der Begriff in seiner Bedeutung verändert?

Es konnte gezeigt werden, dass die Idee der Nachhaltigkeit im Kontext der Forstwirtschaft eingeführt wurde und hier sehr stark in die Bedingungen der Natur eingebunden wurde. Dieses Verständnis wurde weiterentwickelt. Das begründet sich daraus, dass viele Probleme bzw. Konflikte komplexer wurden wie beispielsweise der Klimawandel. Eine wichtige Entscheidung der Vereinten Nationen in diesem Zusammenhang war 1980 die Bildung der „*World Commission on Environment and Development (WCED)*".

Die Kommission setzte 1983 die **Brundtland-Kommission** unter dem Vorsitz der damaligen norwegischen Ministerpräsidentin Gro Harlem Brundtland ein. Die Kommission sollte im Rahmen der wachsenden ökologischen, ökonomischen und sozialen Probleme Handlungsempfehlungen zur Erreichung einer dauerhaften Entwicklung erarbeiten. 1987 legte die Kommission ihren Bericht, den sogenannten **Brundtland-Bericht** vor. Er enthielt die berühmt gewordene Definition für nachhaltige Entwicklung, die bis heute ein wichtiger Ausgangspunkt für die inhaltliche Konkretisierung ist:

„Dauerhafte Entwicklung ist Entwicklung, die die Bedürfnisse der Gegenwart befriedigt, ohne zu riskieren, dass künftige Generationen ihre eigenen Bedürfnisse nicht befriedigen können (Hauff 1987, S. 46)."

Worauf zielt nachhaltige Entwicklung heute ab?

Seit der Konferenz von Rio de Janeiro besteht ein internationaler Konsens, dass nachhaltige Entwicklung zu einem Gleichgewicht zwischen den drei Dimensionen Ökologie, Ökonomie und Soziales innerhalb der ökologischen Grenzen führen soll. Die drei Dimensionen sind in vielfältiger Form miteinander verbunden, was sich in dem Nachhaltigkeitsdreieck ganz allgemein darstellen lässt. Jede Ecke im Dreieck steht zunächst für eine der drei Dimensionen: ökologische, ökonomische und soziale Nachhaltigkeit. Je mehr man sich auf die Mitte des Dreiecks zu bewegt, umso stärker sind die drei Dimensionen miteinander verbunden. Alle Bereiche in dem Nachhaltigkeitsdreieck lassen sich konkretisieren. Betrachtet man beispielsweise das Feld „ökologisch/ökonomisch", so lässt sich dort die Ökoeffizienz zuordnen. Damit ist gemeint, dass eine Maßnahme ökologisch und ökonomisch effizient ist. Spart ein Unternehmen bei der Produktion Strom ein, so können damit die CO_2-Emissionen gesenkt werden, soweit der Strom nicht regenerativ erzeugt wird (ökologische Effizienz) und das Unternehmen verringert seine Stromkosten (ökonomische Effizienz).

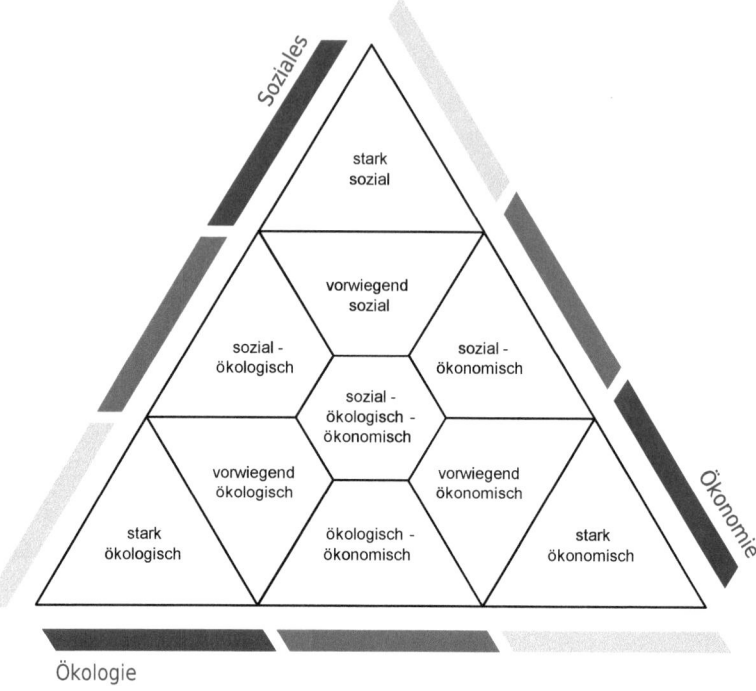

3 | Das Integrierende Nachhaltigkeitsdreieck
Quelle: v. Hauff 2021, S. 170

Sind mit diesen drei Dimensionen alle Aspekte der Nachhaltigkeit abgedeckt?

In der Literatur wurde teilweise eine vierte Dimension eingeführt: die **kulturelle Nachhaltigkeit**. Da jedoch jede Gesellschaft, die durch die soziale Dimension abgebildet wird, auch kulturelle Merkmale aufweist, wird auf diese Erweiterung hier verzichtet. Dagegen ist die Gerechtigkeit ein weiteres konstitutives Merkmal nachhaltiger Entwicklung. Um die nachhaltige Entwicklung weltweit zu fördern und international eine gewisse Vereinheitlichung anzustreben, fand vom 25. bis 27. September 2015 der UN-Sondergipfel zur →Agenda 2030 unter dem Titel „Transforming our World: the 2030 Agenda for

Sustainable Development" statt. Das Kernstück der Agenda 2030 sind die 17 Nachhaltigkeitsziele, die von allen Ländern weltweit bis zum Jahr 2030 erreicht werden sollen. (v. Hauff, Schulz, Wagner 2018, S. 33) Die →Agenda 2030 wird zu einem späteren Zeitpunkt noch ausführlich vorgestellt und kommentiert.

Gibt es Unterschiede zwischen der wissenschaftlichen und der alltäglichen Verwendung des Begriffs?

Bei der wissenschaftlichen Zuwendung zu dem Begriff geht es um die theoretische Begründung →nachhaltiger Entwicklung. Ausgehend von der Definition des Brundtland-Berichts sollen zukünftige Generationen ihre Bedürfnisse in gleichem Maße befriedigen können wie die heute lebenden Generationen. **Zukünftige Generationen** sollen also zumindest nicht schlechter gestellt werden. Hierzu gibt es einen breiten Konsens. Aber es stellt sich natürlich die Frage, welche Bedürfnisse hier im Mittelpunkt stehen. Hier scheiden sich die Geister.

Einige Wirtschaftswissenschaftlern stellen fest, dass es zwei Arten von Kapital gibt: das materielle oder Sachkapital und das Naturkapital. Das lässt sich zu einem gesamtwirtschaftlichen Kapital zusammenführen. Nach der Definition sollen zukünftige Generationen also mindestens **den gleichen Kapitalbestand** haben wie die heute lebende Generation.

Nimmt beispielsweise das Naturkapital ab, muss das Sachkapital zunehmen, um den Verlust auszugleichen (Kompensationsregel). Müssen also z. B. für den Bau neuer Produktionsstätten oder Straßen (Sachkapital) landwirtschaftliche Flächen oder Waldflächen weichen, wird das Naturkapitel verringert und das Sachkapital steigt. Im besten Fall kommt es zu einer Kompensation der beiden Kapitalarten und das Gesamtkapital bleibt konstant. In diesem Zusammenhang spricht man von→ schwacher Nachhaltigkeit. (Neumayer 2013) Diese Position spiegelt oft die Realität wider.

Beispiel:
Eine Kommune möchte wegen Lärm- und Luftbelastung eine Umgehungsstraße. Das bedeutet jedoch in der Regel, dass Felder, Wiesen oder ein Waldstück dafür „geopfert" werden muss.

Die entgegengesetzte Position wird von Vertretern der Ökologischen Ökonomie vertreten. Die beliebige Substitution von Natur- durch Sachkapital, d. h. der Verlust an Naturkapital, der durch Sachkapital aufgestockt werden soll, führt zu wachsenden Umweltschäden wie Luftbelastung, Klimawandel, Abnahme der →Biodiversität, Abnahme der Rohstoffe und wachsende Lärmbelästigung.

Gibt es ein anschauliches Beispiel von Natur- durch Sachkapital?

Die zunehmende Belastung von Ökosystemen erfordert ökologische Leitplanken, wie z. B. die Begrenzung von Emissionen, die einzuhalten sind. Nur so lässt sich die natürliche Tragfähigkeit der Erde bzw. des Planeten erhalten. Daraus begründet sich die →starke Nachhaltigkeit. Einer der maßgeblichen Mitbegründer und Protagonisten der Ökologischen Ökonomie, Hermann Daly, führt hierzu ein einfaches Beispiel an:

Ein Fischerboot (Sachkapital) ohne Fische (Naturkapital) in Seen oder Flüssen ist nutzlos. Daher hält er die Kompensationshypothese für falsch und auch gefährlich.

Die starke Nachhaltigkeit wurde von Vertretern der Ökologischen Ökonomie durch Operationalisierungskriterien konkretisiert. Daly stellte in diesem Zusammenhang drei Managementregeln auf (Daly 1990, S. 2)

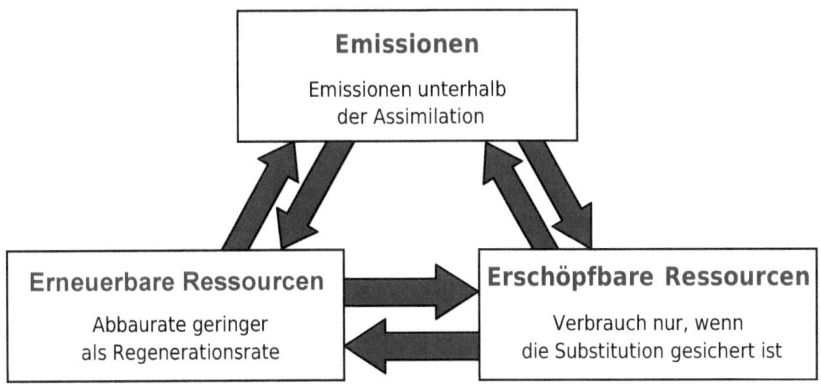

4 | Handlungsregeln für eine nachhaltige Entwicklung
Quelle: in Anlehnung an Daly 1990, S. 2

Linktipp:
Auf www.exploring-economics.org/de/ werden ökonomische Themen von Studierenden und Lehrenden erklärt, unter anderem auch Ökologische Ökonomie. Unter dem Menüpunkt „Entdecken" kann man gezielt nach Artikeln suchen.

Wie lautet dazu die Erläuterung der Handlungsregeln?

- **Erneuerbare Ressourcen** wie Holz dürfen nur in dem Maße abgebaut werden, wie sie sich erneuern können (dies entspricht der klassischen Nachhaltigkeitsregel nach von Carlowitz 1713);
- **Nicht-erneuerbare Ressourcen** wie seltene Erden und Metalle dürfen nur dann abgebaut und verbraucht werden, wenn die Substitutionsmöglichkeiten durch künstlich geschaffene Materialien zur Verminderung des weiteren Abbaus von seltenen Erden und Metallen geschaffen werden sowie
- **Emissionen** dürfen nicht die Grenzen der Aufnahmefähigkeit der Natur als Senke für Emissionen überschreiten. Ein Beispiel sind CO_2-Emissionen, die die Grenzen überschritten haben und ganz wesentlich den Klimawandel verursachen.

Gibt es Schwächen bei den beiden Ansätzen?

Auffällig bei den Ansätzen der schwachen und starken Nachhaltigkeit ist, dass die ökologische und ökonomische Dimension Beachtung finden, während die soziale Dimension vernachlässigt wird. Die soziale Dimension findet in der neueren wissenschaftlichen Diskussion zur →nachhaltigen Entwicklung jedoch in zunehmendem Maße Beachtung, wie später noch gezeigt wird.

Im Rahmen der aufgezeigten Kontroverse geht es noch um die Frage, ob der Gegensatz zwischen schwacher und starker Nachhaltigkeit aufgelöst werden kann. In der neueren wissenschaftlichen Diskussion wurde die **ausgewogene Nachhaltigkeit** entwickelt. (v. Hauff 2014, S. 56 ff)

Wie wird die ausgewogene Nachhaltigkeit begründet?

Grundsätzlich geht es den Vertretern der ausgewogenen Nachhaltigkeit zunächst darum, eine weltweite Befriedigung der Grundbedürfnisse und die Verbesserung der Lebensqualität der heutigen und zukünftigen Generationen zu erreichen. Das lässt sich an der Kontroverse um wirtschaftliches Wachstum, die zwischen Wachstumsbefürwortern und Wachstumsgegnern zunehmend heftiger ausgetragen wird, aufzeigen.

Die Vertreter der ausgewogenen Nachhaltigkeit stellen hierzu fest, dass für eine **Harmonisierung von Wachstum und Umweltqualität** einzig die Art des Wirtschaftswachstums ausschlaggebend ist. Wachstum muss dementsprechend eine umweltschonende Qualität annehmen. Das lässt sich durch eine konsequente Verringerung und Veränderung des Material- und Energieeinsatzes, durch Sparsamkeit, Reparaturfähigkeit von Gütern, Recycling, Effizienzverbesserung und Materialsubstitution aber auch durch regenerative Energie und eine nachhaltige Mobilität realisieren. (v. Hauff 2014, S. 59) Es geht also darum durch ein Maßnahmenbündel die Ökosysteme in einem stabilen Zustand zu erhalten. Dabei gilt festzustellen, dass sich einige Ökosysteme bereits in einem übernutzten bzw. irreparablen Zustand befinden.

Gibt es Beispiele für übernutzte Ökosysteme?

Neben dem Klimawandel gibt es eine Reihe von Gewässern und insbesondere Meere, die sich durch eine Überfischung oder durch einen zunehmenden Grad an Verschmutzung auszeichnen. Bisher findet bei Ökosystemen, die sich in prekärem Zustand befinden, oft noch keine wirksame bzw. ausreichende Gegensteuerung statt. Ein weiteres Problem, das bisher viel zu wenig Beachtung gefunden hat, ist die Abnahme der Biodiversität mit all ihren negativen Folgen, die später noch dargestellt werden.

Es gibt aber auch viele Rohstoffe wie seltene Erden und Metalle, die auf Grund der steigenden weltweiten Nachfrage immer knapper werden. Diese Metalle werden besonders für die Hardware der →Digitalisierung aber auch für regenerative Energieträger wie Windräder und Photovoltaikanlagen benötigt. Es gibt Prognosen, dass bis zum Jahr 2030 weniger von diesen Metallen abgebaut als nachgefragt werden. Entsprechend der Definition des Brundtland-Berichts können zukünftige Generationen dann ihre Bedürfnisse nicht mehr in gleichem Maße befriedigen wie die heute lebende.

Warum muss der Begriff nachhaltige Entwicklung inhaltlich konkretisiert werden?

Die alltägliche Verwendung des Begriffs nachhaltiger Entwicklung weist oft keine klaren Konturen auf. Das wird durch Formulierungen deutlich wie: Wir wollen mehr Nachhaltigkeit und Umweltschutz. Dabei ist Umweltschutz die zentrale Dimension von Nachhaltigkeit. Daraus ergeben sich folgende Fragen: Was bedeutet mehr Nachhaltigkeit, in welchen Bereichen und in welchem Maße? Welche Ziele von Nachhaltigkeit sollen, bis zu welchem Zeitpunkt erreicht werden? Nur eine Konkretisierung führt zu einer **messbaren Weiterentwicklung** und vermeidet den Missbrauch des Begriffs Nachhaltigkeit.

Daraus wird deutlich, dass bisher überwiegend Expertinnen und Experten die Zusammenhänge der drei Dimensionen und Möglichkeiten der Umsetzung erkennen und aufzeigen. Daher besteht gerade im Bildungsbereich noch ein großes Potential die Bedeutung aber auch die Chancen, die nachhaltige Entwicklung bietet, aufzuzeigen und die Umsetzung durch *„best pratice Beispiele"* zu verdeutlichen. Das große

Potenzial, das noch brachliegt, ist jedoch nach den empirischen Untersuchungen zum Bekanntheitsgrad nachhaltiger Entwicklung nicht verwunderlich.

Es gibt einen wachsenden Konsens, dass die bisher vorherrschende Produktions- und Konsumlogik des „Take, Make, Waste" der ökologischen aber auch der ökonomischen Nachhaltigkeit widerspricht. Daraus begründet sich das bisher dominierende Wirtschaftsmodell der Linearwirtschaft bzw. der „Wegwerfwirtschaft." Das gilt es zu überwinden und im Rahmen einer großen Transformation zu einem Wirtschaftsmodell der Circular Economy über zu leiten. In Deutschland dominiert auch heute noch der populäre Begriff der Kreislaufwirtschaft. Sie trat im Rahmen des Kreislaufwirtschaftsgesetzes am 1.6.2012 in Kraft und wurde zum 5.7.2020 novelliert. Der Schwerpunkt ist die Schonung der Ressourcen und der Schutz der Menschen und der Natur bei der Erzeugung und Bewirtschaftung von Abfällen.

Die Circular Economy ist dagegen viel breiter angelegt (v. Hauff 2024, S. 18 ff). Entsprechend soll auf der Grundlage der planetaren Grenzen ein regeneratives System angestrebt werden. Dabei geht es um die 4 R: **Reduce** (Reduzierung bzw. Vermeidung des Ressourcenverbrauchs und damit auch der Abfälle), **Reuse** (Wiederverwendung und Reparieren), **Recycling** (Wiederaufbereitung von Abfällen wie z.B. Bauschutt woraus sekundäre Rohstoffe entstehen) und **Recover** (Verbrennung von Materialien mit Energierückgewinnung). Es handelt sich somit um einen holistischen Ansatz, bei dem idealtypisch keine Abfälle entstehen bzw. Abfälle in Kreisläufen einer Wiederverwendung zugeführt werden.

Dadurch soll der dramatisch steigende Ressourcenverbrauch verringert werden. Die Relevanz hat die OECD begründet: der Verbrauch von Materialien wie Biomasse, fossile Brennstoffe, Metallen und Mineralien wird sich in den nächsten 40 Jahren verdoppeln (OECD 2018). Gleichzeitig ist zu erwarten, dass das jährliche Abfallaufkommen bis 2050 voraussichtlich um 70 % steigen wird (Weltbank 2018). In diesem Kontext wird vielfach vernachlässigt, dass die Hälfte der Treibhausgasemissionen und Biodiversitätsverluste und der Wasserstress bis zu 90 % auf die Gewinnung und Verarbeitung von Ressourcen zurückzuführen sind.

Die Umsetzung der notwendigen Maßnahmen zur Verringerung bzw. Lösung dieser Probleme erfordert jedoch noch umfangreiche Forschungs- und Bildungsmaßnahmen. In diesem Kontext wird die Circular Economy als neues Wirtschaftsmodell bezeichnet, das einen wesentlichen Beitrag zum Abbau drängender ökologischer aber auch ökonomischer Probleme beitragen kann. Es besteht auch ein direkter Bezug zu der Agenda 2030 und den SDGs: SDG 4 (qualitativ hochwertige Bildung), SDG 9 (Industrie, Innovation und Infrastruktur), SDG 13 (Klimaschutz), SDG 16 (Frieden und Gerechtigkeit) und SDG 17 (globale Partnerschaften für nachhaltige Entwicklung). Hierzu verpflichten sich alle Länder im Rahmen ihrer nationalen Nachhaltigkeitsstrategie.

Weshalb ist der Begriff heute in aller Munde?

Nachhaltige Entwicklung ist ein globales Leitbild, das einen normativen Charakter aufweist. Die Frage ist: was sollte sich wie verändern. Ein nachhaltiges Verhalten muss daher assoziiert sein mit **Verantwortungsbewusstsein** im Sinne „tue Gutes für die Umwelt, für eine gerechte Wirtschaft und für die Gesellschaft damit sich die Lebensbedingungen aller verbessern." Das wird in zunehmendem Maße von allen Akteuren der Gesellschaft wie Unternehmen, d.h. produzierenden Unternehmen und Dienstleistungsunternehmen, wie Unternehmen des Finanzsektors, Konsumenten, Verbänden, kirchlichen Einrichtungen und politischen Parteien erwartet bzw. sogar eingefordert. Aber auch jeder einzelne Bürger trägt Verantwortung im Sinne nachhaltiger Entwicklung indem er/sie zur Verbesserung der ökologischen, ökonomischen und gesellschaftlichen Bedingungen beiträgt.

Gibt es bereits Vorreiter für auf Nachhaltigkeit ausgerichtete Branchen?

Teilweise sind einzelne Branchen wie die Textilindustrie um mehr Nachhaltigkeit bemüht. So war beispielsweise die Sportartikelmesse Ispo in München im Januar 2020 auf das Thema Nachhaltigkeit ausgerichtet. Einige Textilunternehmen sind auf dem Weg zu mehr Nachhaltigkeit schon Vorreiter und wurden dafür ausgezeichnet wie die Firma Vaude. Natürlich gibt es auch in vielen anderen Branchen schon vorbildliche Unternehmen die mehrfach ausgezeichnet wurden, da sie sich an der Nachhaltigkeit orientieren. Exemplarisch können die Brauerei Härle und das Unternehmen Lebensbaum genannt werden.

Grundsätzlich geht es bei nachhaltigen Textilunternehmen beispielsweise um die Verwendung von Bio-Baumwolle und bessere Arbeitsbedingungen.

Dabei stellt der Verbrauch von Wasser, Energie und Chemikalien ein nachhaltigkeitsorientiertes Textilunternehmen auf jeder Stufe der Wertschöpfungskette oft vor große Herausforderungen. Gleichzeitig gibt es aber noch viele Handelsunternehmen in der **Textilindustrie**, die unter unmenschlichen Bedingungen in Entwicklungsländern aus dem Grund der Profitmaximierung Kleidung herstellen lassen und somit eine nicht-nachhaltige Geschäftspolitik betreiben. Daran sind Konsumenten nicht unbeteiligt.

Welche Rolle spielen bei der Nachhaltigkeit die Medien?

Auch die **Filmindustrie** und die Medien fühlen sich in zunehmendem Maße herausgefordert bzw. in der Verantwortung. So wird bisher bei Dreharbeiten von Filmen primär auf die Zeit, jedoch weniger auf negative Umwelteinflüsse geachtet. Daher wollen sich Film- und Fernsehproduzenten bei ihrer Arbeit zu mehr Umweltschutz verpflichten. Sie wollen für eine „noch stärkere Berücksichtigung der Nachhaltigkeit in der Film- und Serienproduktion, die für ein ökologisch, wie auch ökonomisch und sozial verantwortliches Handeln steht" eintreten. So heißt es in einem Entwurf für eine gemeinsame Erklärung.

Daher haben sich Vertreter der ARD, des ZDF, des MDR, der Deutschen Welle aber auch Vertreter der Filmindustrie im Februar 2020 in Berlin zur Unterschrift im Kanzleramt zusammengefunden, um ihr Vorhaben mit ihrer Unterschrift zu besiegeln. Aber auch Sportvereine und Eventmanager haben das Thema für sich entdeckt. So haben z. B. erste Fußballvereine gemeldet, dass sie ein Nachhaltigkeitskonzept entwickeln. Es bleibt jedoch abzuwarten, wie anspruchsvoll diese Vorhaben sein werden und in welchem Maße sie umgesetzt werden.

Wie sieht es mit weiteren Branchen aus?

Als weiteres Beispiel lässt sich die **Natursteineindustrie** aufführen. Deutschland gehört heute zu den Ländern, die Natursteine z. B. in Form von Grabsteinen zu einem großen Teil aus asiatischen Ländern importieren. In vielen Medienberichten wurde jedoch immer wieder aufgezeigt, wie die Natursteine in asiatischen Ländern wie in China, Indien und Vietnam unter

Missachtung von ökologischen und sozialen Standards in Steinbrüchen abgebaut und dann unter teilweise unmenschlichen Arbeitsbedingungen verarbeitet werden. So sind in der Natursteinindustrie schon tausende von Arbeitern unter Qualen an Staublunge gestorben.

Dabei wird besonders **Indien** angeprangert, da in der Natursteineindustrie auch Kinderarbeit stattgefunden hat bzw. noch stattfindet. Dies hat zu vielfältigen Protestaktionen geführt. Daher wurde von den Produzenten vor Ort aber auch von den Handelsunternehmen in Deutschland gefordert, dass die Natursteine nach bestimmten ökologischen und sozialen Kriterien zertifiziert werden bevor sie nach Deutschland eingeführt werden.

5 | Kinderarbeit in einem indischen Steinbruch

Es besteht kein Zweifel: es wird auch in Zukunft in vielen Entwicklungsländern **Kinderarbeit** unter schlimmsten Bedingungen stattfinden. Aber auch in Indien gibt es Steinbrüche und Naturstein verarbeitende Unternehmen, die auf Grund der Bestrebung Zertifizierungen einzuführen und umzusetzen, Kinderarbeit vermeiden. Sie schaffen verbesserte Arbeitsbedingungen entsprechend der eingeführten Zertifizierungsstandards. So ist zu hoffen, dass Kinderarbeit, zumindest in der Form wie sie in der Abbildung zu sehen ist, zur Ausnahme wird.

Werden die Beispiele der Branchen die Konsumenten erreichen können?

Die wenigen Beispiele verdeutlichen, dass sich auf der Grundlage des normativen Leitbildes nachhaltiger Entwicklung das geforderte Verantwortungsbewusstsein im Sinne der Zusammenführung von Ökologie, Ökonomie und sozialen Belangen zunehmend im Bewusstsein reflektierter Bürger und auch bei verantwortungsvollen Unternehmen festsetzt.

Dabei ist jedoch zwischen jenen Konsumenten zu unterscheiden, die sich bei ihren Kaufentscheidungen aus Nachlässigkeit oder mangelnder Information noch nicht nachhaltig verhalten und der Minderheit der Bevölkerung, die Verantwortungsbewusstsein für sich beanspruchen können indem sie nachhaltig konsumieren. Insgesamt sollte jedoch den Konsumenten durch eine transparentere Informationspolitik die Entscheidung für einen nachhaltigen Konsum erleichtert werden. In diesem Zusammenhang sollte in Zukunft auch noch viel stärker geprüft werden, was im Rahmen der Nachhaltigkeitsbroschüren von Unternehmen schon dem Anspruch nachhaltiger Entwicklung wirklich entspricht und was unter die Kategorie „**green washing**" einzuordnen ist. Hier muss die Politik dafür sorgen, dass einheitliche Labels eingefordert werden, die dem Konsumenten eine Entscheidungshilfe bieten. Aber auch der Bildungssektor kann für eine bessere Aufklärung noch viel leisten.

Gibt es Umfragen oder Studien zum Entwicklungsstand oder wie die Bevölkerung zu Nachhaltigkeit steht?

Eine Orientierung zum Entwicklungsstand der nachhaltigen Entwicklung in einem Land bietet die nationale Nachhaltigkeitsstrategie. Beispielhaft wird die deutsche **Nachhaltigkeitsstrategie** unten noch ausführlich behandelt. Die nationale Nachhaltigkeitsstrategie basiert für alle Länder auf den 17 Nachhaltigkeitszielen (Sustainable Development Goals / SDGs) der →Agenda 2030. Dadurch wird eine gewisse Vergleichbarkeit des Entwicklungstands in den verschiedenen Ländern möglich. Dabei gilt natürlich zu berücksichtigen, dass die verschiedenen Länder ganz unterschiedliche Ausgangsbedingungen für die Entwicklung einer Nachhaltigkeitsstrategie bzw. einer nachhaltigkeitsorientierten Politik aufweisen: Viele Entwicklungsländer werden einen geringeren Entwicklungsstand hinsichtlich der Ausgestaltung und Umsetzung ihrer nationalen Nachhaltigkeitsstrategie aufweisen als Industrieländer.

Es gibt aber auch zwischen Industrieländern Unterschiede. Im Prinzip lassen sich hier drei Gruppen unterscheiden. Am weitesten entwickelt ist die europäische Staatengemeinschaft. Außerhalb Europas gibt es ein gemischtes Bild. So haben Neuseeland und Australien frühzeitig nationale Nachhaltigkeitsstrategien ausgearbeitet und vorgelegt. Dagegen fehlt es in Kanada an einer übergreifenden nationalen Nachhaltigkeitsstrategie. Der Strategieprozess in den USA fand bereits Ende der 1990er Jahre ein frühes Ende und wurde danach nicht weiter fortgesetzt. (Bornemann 2014, S. 315)

Wurden die Nachhaltigkeitsziele noch konkretisiert?

Die 17 Nachhaltigkeitsziele sind noch einmal in Unterziele gegliedert. Deutschland weist in der nationalen Nachhaltigkeitsstrategie von 2017 insgesamt 63 Unterziele auf. Die Entwicklung der Ziele wird in Deutschland alle zwei Jahre fortgeschrieben, wodurch der aktuelle Zielerreichungsgrad stets vorliegt. Die Auswahl bzw. Festlegung der Ziele und der Grad der Zielerreichung wird in Deutschland durch eine Reihe von Fachpublikationen kritisch analysiert und kommentiert.

Die Mehrzahl der Bundesländer hat ebenfalls eine Nachhaltigkeitsstrategie entwickelt. Daraus lassen sich Informationen zum Entwicklungsstand auch auf Landesebene entnehmen. Weiterhin lässt sich feststellen, dass erste Kommunen in Deutschland eine kommunale Agenda 2030 entwickeln, die einer kommunalen Nachhaltigkeitsstrategie entsprechen. Und schließlich gibt es eine Reihe von Organisationen und Verbände, die eine Förderung aber auch einen höheren Bekanntheitsgrad des Leitbildes anstreben. So ist beispielsweise der Bundesdeutsche Arbeitskreis für umweltbewusstes Management e. V. (B.A.U.M.) seit 1984 darum bemüht, nachhaltige Entwicklung besonders im Unternehmensbereich aber auch in Kommunen und anderen Organisationen zu fördern. B.A.U.M ist mit über 500 Mitgliedern in Europa das größte Unternehmensnetzwerk für nachhaltiges Wirtschaften.

Warum kam es zu nachhaltiger Entwicklung und wo stehen wir heute?

Seit den 1950er Jahren hatte das marktwirtschaftliche System und damit die Ökonomie in vielen Lebensbereichen der westlichen Welt eine eindeutige Dominanz. In diesem Zusammenhang spricht man auch von dem Primat der Ökonomie. Einige Ökonomen wie Kenneth Boulding, John Galbraith und auch Edward Mishan haben jedoch schon ab den 1960er Jahren auf die wachsenden Umweltprobleme aufmerksam gemacht. So kam es zu den „ersten Vorläufern" nachhaltiger Entwicklung. Besondere Beachtung fand in diesem Zusammenhang das Buch von Mishan mit dem Titel „The Costs of Economic Growth". (Mishan 1967) Darin kritisiert er besonders das Sozialprodukt als Indikator für "human welfare". Damit machte er deutlich, dass nicht nur materielle Güter das Wohlbefinden der Menschen bestimmen.

1972 erschien dann der erste Bericht an den Club of Rome mit dem Titel **„Grenzen des Wachstums"** (Originaltitel: „The Limits of Growth"), der mit Unterstützung verschiedener Mitautoren ganz wesentlich von Dennis Meadows und seiner Frau Donella Meadows verfasst wurde. Der Bericht, der in 28 Sprachen übersetzt wurde, hat bis heute eine außergewöhnliche Popularität. Eine wesentliche Botschaft des Berichtes, die auch heute noch Relevanz hat, war, dass sich die Menschheit auf einem „Boom-and-Burst" Pfad befindet. Danach führt ein exponentielles Wachstum zur Überschreitung der natürlichen Grenzen der Natur. Weiterhin kommt es zu einer Knappheit von nicht regenerativen Ressourcen wie Erdöl was sich negativ auf das →Wirtschaftswachstum auswirkt und zu Grenzen des Wachstums führt.

Entsprechend der Prognose treten bis zum Jahr 2100 Krisenphänomene auf wie eine De-Industrialisierung und eine massive Einschränkung der bisher üblichen Lebensverhältnisse. Selbst unter Berücksichtigung einiger konzeptioneller und methodischer Unzulänglichkeiten des Berichts, die sich primär aus dem damaligen Stand der Forschungsmethoden erklären, kann man feststellen, dass dieser Bericht eine heftige Diskussion über den Zusammenhang von Produktionsformen und Lebensstilen, aber auch über das exponentielle →Wirtschaftswachstum und die nicht erneuerbaren Ressourcen auslöste, die sich teilweise bis in die Gegenwart fortsetzten.

Gibt es weitere wichtige Schritte zur nachhaltigen Entwicklung?

Ein weiterer Meilenstein zur nachhaltigen Entwicklung war die erste große Umweltkonferenz der UN 1972 in Stockholm auf der das **United Nations Environment Programme** (UNEP) gegründet wurde. Das war der Anstoß dafür, dass in der Folge in vielen Ländern erste Umweltprogramme und später Umweltministerien gegründet bzw. aufgebaut wurden. In Deutschland wurde am 14. Oktober 1971 unter Federführung von Willi Brandt das erste Umweltprogramm vorgelegt und am 6. Juni 1986 wurde das Bundesministerium für Umwelt, Naturschutz und Reaktorsicherheit gegründet.

Die International Union for the Conservation of Nature (IUCN) hat 1980 in Kooperation mit verschiedenen UN-Organisationen die „World Conservation Strategy" erarbeitet. (Grunwald, Kopfmüller 2012, S. 21) Dabei wurde der Begriff „Sustainable Development" in einem größeren wissenschaftlichen und politischen Kreis verwendet. Inhaltlich zielte der Begriff noch wesentlich darauf ab, dass eine ökonomische Entwicklung ohne die Erhaltung und Funktionsweise der Ökosysteme nicht möglich ist.

Die soziale Dimension, die später in das Leitbild nachhaltiger Entwicklung als dritte Dimension mit einging, wurde zu diesem Zeitpunkt noch vernachlässigt. In dem Brundtland-Bericht wurde der Begriff „nachhaltige Entwicklung" erstmals als globales Leitbild der Entwicklung einer breiten Öffentlichkeit nahegebracht. Das Ziel in dem Bericht ist, eine dauerhafte Erfüllung menschlicher Grundbedürfnisse unter Berücksichtigung der Tragekapazität der natürlichen Umwelt zu erfüllen.

Entsprechend geht es um das Bestreben, die Konfliktlinien zwischen Umwelt, Naturschutz, Armutsbekämpfung und →Wirtschaftswachstum zu überwinden. Es ging ganz konkret um die Verringerung bzw. Beseitigung der sich verschärfenden **Krisenphänomene** wie Dürren besonders in afrikanischen Ländern, die Vernichtung tropischer Wälder, die Verringerung der Ozonschicht, die Finanzkrisen und Verschuldungsprobleme vieler Entwicklungsländer und die Folgen schwacher und →korrupter Regierungen. Ein positiver Effekt des Reports ist, dass Wirtschafts- und Umweltpolitik nicht länger als getrennte Politikbereiche gesehen wurden, wobei eine kohärente Zusammenführung in vielen Ländern bis heute noch nicht stattgefunden hat. Damit kann zu dem nächsten Kapitel übergeleitet werden: Es geht um den Beitrag bzw. das Engagement der UNO zur nachhaltigen Entwicklung.

Literatur- und Videotipps:

Eine vertiefende Beantwortung der Fragen ist zu finden im Lehrbuch „Nachhaltige Entwicklung" von Michael von Hauff, das in 2. Auflage im Jahr 2014 bei De Gruyter erschienen ist.

▶ YouTube-Erklärvideos zu Umweltthemen und Nachhaltigkeit findest du zum Beispiel

- bei Schlaumal – Umwelt, Mensch und Tier,
- bei Sustainability Illustrated,
- bei Global Weirding with Katharine Hayhoe,
- bei The Story of Stuff Project und
- bei Hot Mess.

Die letzten vier Videos sind in englischer Sprache.

Nachhaltigkeit international

 Agenda 21 und Agenda 2030, 17 SDGs – darum geht es nun. Außerdem um die Rolle der Industrieländer und der UNO im Nachhaltigkeitsprozess. Damit werden die lokale, nationale und internationale Perspektive eingenommen.

Wo können wir Nachhaltigkeit international finden?

Die UN-Organisationen, aber auch einige Forschungseinrichtungen erkannten relativ früh die bereits genannten wirtschaftlichen und ökologischen Probleme, die sich besonders in Entwicklungsländern verschärften. Hervorzuheben ist beispielsweise der **Pearson-Bericht** „Partners in Development", der schon 1969 die Krise der Entwicklungsländer deutlich aufzeigte. Hervorzuheben ist auch die berühmte Rede des damaligen Weltbankpräsidenten Robert Mc Namara, die für die unbefriedigende Entwicklung ein bedeutender Beleg war (Mc Namara 1973):

> *„Die absolute Armut ist durch derart katastrophale Lebensumstände gekennzeichnet, dass die Entfaltung der Gene, mit denen die Menschen bei der Geburt ausgestattet sind, unmöglich gemacht und die menschliche Würde beleidigt wird. Und doch sind diese Bedingungen so weit verbreitet, dass sie das Los von etwa 40 Prozent der Menschen in den Entwicklungsländern bestimmen."*

Wie steht es um die Industrieländer?

Auch in Industrieländern haben sich ab den 1970er Jahren Umweltprobleme, Arbeitslosigkeit und auch eine wachsende Verschuldung in zunehmendem Maße verschärft. Die Versuche, die Probleme durch eine Stärkung marktwirtschaftlicher Strukturen im Sinne des **Neoliberalismus** zu verringern, führten vielfach nicht zu dem erwünschten Erfolg bzw. zur Lösung. Dadurch wurde die Lebenslage vieler Menschen teilweise noch mehr belastet. So kam es auf internationaler Ebene zu dem neuen Paradigma nachhaltiger Entwicklung. Es wurde bereits von der schon erwähnten international zusammen gesetzten Brundtland-Kommission in dem berühmt gewordenen Brundtland-Bericht inhaltlich konkretisiert. (Hauff, 1987)

Was hat die UNO mit Nachhaltigkeit zu tun?

Auf der internationalen Konferenz 1992 in Rio de Janeiro (United Nations Conference on Environment and Development/UNCED) verpflichteten sich 178 Nationen zu dem Leitbild nachhaltiger Entwicklung. Besondere Beachtung verdient das Aktionsprogramm zur Umsetzung des Leitbildes: die →Agenda 21 als Agenda für das 21. Jahrhundert. Die Agenda 21 besteht aus einer Vielzahl politischer Bekenntnisse, Ziele und Vorhaben bzw. Maßnahmen. Sie umfasst über 350 Seiten und führt unterschiedliche Themen und Anspruchsgruppen auf. (UNCED 1992)

Wird die Agenda 21 „gelebt"?

Die →Agenda 21 bestimmt bis heute ganz wesentlich die inhaltliche Ausgestaltung und die erforderlichen Maßnahmen zur Umsetzung nachhaltiger Entwicklung. Obwohl das Leitbild international eine große Popularität erfuhr, ist es bis heute in der Bevölkerung, wie einführend schon empirisch belegt wurde, nur in relativ geringem Maße bekannt. Dabei kann festgestellt werden, dass es auf internationaler Ebene seit 1992 zu einem kontinuierlichen Prozess kam, dem sogenannten **Rio-Prozess**, durch den die nachhaltige Entwicklung global gefördert werden sollte.

Was hat es mit dem Rio-Prozess auf sich?

Auf der Rio-Konferenz wurden bereits eine Reihe von Beschlüssen wie die Rio-Deklaration zu Umwelt und Entwicklung, die zur Stabilisierung der Treibhausgasemissionen zur Vermeidung einer Störung des Klimasystems beitragen sollte, die Konvention über biologische Vielfalt (Biodiversitätskonvention) und die Waldkonvention zur Bewirtschaftung und Erhaltung der Wälder nach dem Nachhaltigkeitsgrundsatz verabschiedet. Es folgten viele Konferenzen, die sich unter dem Begriff des Rioprozesses subsumieren lassen.

Was waren die wichtigsten Etappen im Rio-Prozess?

Aus den wenigen Beispielen wird schon deutlich, dass zentrale Probleme der Gegenwart bereits damals erkannt und benannt wurden. Bei den Beschlüssen kam es jedoch zu einer Einschränkung, die sich auch in dem folgenden Prozess fortgesetzt hat: Keines der verabschiedeten Dokumente enthält konkrete Verpflichtungen, die daher auch nicht überprüft werden können. Die Konventionen haben nur den Charakter von Rahmenbedingungen.

Können Sie die wesentlichen Etappen kurz vorstellen?

Der Rio-Konferenz folgten die Weltbevölkerungskonferenz 1994, der Weltsozialgipfel 1995 und die Klimakonferenz (Kyoto-Protokoll) 1997. Im Jahr 2002 fand die Folgekonferenz statt, die bereits in Rio de Janeiro beschlossen wurde. Auf dem zweiten Weltgipfel für nachhaltige Entwicklung, der in Johannesburg stattfand, wurde der Implementierungsplan verabschiedet. Im Mittelpunkt stand also die Umsetzung nachhaltiger Entwicklung.

In dem Plan waren neue Ziele und Programme für Umweltschutz und Armutsbekämpfung enthalten. 1997 wurde bereits im Vorfeld der Johannesburg-Konferenz beschlossen, dass alle Länder bis 2002 eine nationale Nachhaltigkeitsstrategie als Ausgangspunkt für die Umsetzung nachhaltiger Entwicklung ausarbeiten sollten. Dieses Ziel wurde jedoch nur von wenigen Ländern, wie zum Beispiel der Bundesrepublik Deutschland, realisiert wie aus der folgenden Abbildung zu erkennen ist.

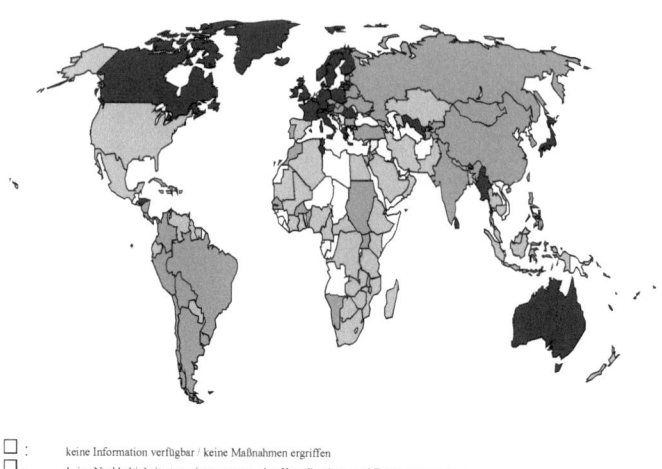

☐ : keine Information verfügbar / keine Maßnahmen ergriffen
☐ : keine Nachhaltigkeitsstrategie umgesetzt, aber Koordinations- und Beratungsprozesse zur
    nachhaltigen Entwicklung
▨ : Nachhaltigkeitsstrategie in der Entwicklung
■ : Nachhaltigkeitsstrategie umgesetzt

6 | Weltweite Umsetzung von Nachhaltigkeitsstrategien 2003
Quelle: in Anlehnung an UNDESA 2004;

Wurden die Beschlüsse der Konferenzen nach 2002 konkreter?

2012 fand die Konferenz Rio + 20 erneut in Rio de Janeiro statt. Es wurde der politische Wille und die Bemühungen für eine nachhaltige Entwicklung konkretisiert und erneuert. Das Leitthema der Konferenz war „**Green Economy**", womit man einen zentralen Bereich nachhaltiger Entwicklung voranbringen wollte. Nach der europäischen Kommission geht es dabei um eine Wirtschaftsweise,

> *„die Wachstum generiert, Arbeitsplätze schafft und Armut bekämpft, indem sie in das Naturkapital, von dem langfristig das Überleben unseres Planeten abhängt, investiert und dieses erhält." (KOM 2011, S. 2)*

Gab es bei der Konferenz von 2012 gemeinsame Ziele?

Im Herbst 2015 wurde auf dem UNO-Nachhaltigkeitsgipfel die Agenda 2030 von allen Mitgliedsstaaten der UN verabschiedet. In der →Agenda 2030 wurden 17 Ziele bzw. Zielbereiche, d.h. die „**Sustainable Development Goals** (SDGs)", festgelegt. Diese Ziele sollen nach 15 Jahren, also 2030, durch die Mitgliedstaaten im Rahmen von nationalen Nachhaltigkeitsstrategien realisiert werden.

Die Umsetzung soll, im Gegensatz zu den Millennium Development Goals (MDGs) als Vorgänger der SDGs, nicht nur von Entwicklungsländern, sondern auch von Industrieländern erfolgen. Bei diesem Prozess der Ausarbeitung und Umsetzung der nationalen Nachhaltigkeitsstrategie sollen die Industrieländer die Entwicklungsländer fördern bzw. unterstützen.

Warum hat die erste Euphorie der Rio Konferenz 1992 nachgelassen?

Die Antworten zuvor lassen bereits erkennen, dass die erste Euphorie der Konferenz von 1992 in den folgenden Jahren tatsächlich stark nachließ und die Entwicklung und Umsetzung nationaler Nachhaltigkeitsstrategien in der Mehrzahl der Länder, wie schon erwähnt, nur sehr schleppend verlief. Das wird mit dem folgenden Schaubild verdeutlicht, das sich auf die Produktion und den →Konsum bezieht. Je dunkler die Kennzeichnung der Länder umso fortschrittlicher sind sie hinsichtlich einer nachhaltigen Produktion und eines nachhaltigen Konsums.

Aus dem Schaubild kann man auf einen ersten Blick entnehmen, dass viele Entwicklungsländer – um es positiv zu formulieren – noch ein großes Potenzial haben. Bei vielen Industrieländern und auch bei den südamerikanischen und asiatischen Ländern, die wirtschaftlich als relativ erfolgreich gelten, muss man feststellen, dass die Bewertung in dem Schaubild zweifellos zu positiv ausfällt. Dabei ist auch immer kritisch zu hinterfragen, welchen Anspruch die einzelnen Länder haben, d.h. wie anspruchsvoll die Zielvorgaben sind.

7 | Länder weltweit, die Maßnahmen oder Instrumente zugunsten nachhaltiger Produktion oder Konsum haben
Quelle: United Nations, SDG Report 2018, https://unstats.un.org/sdgs/report/2018/goal-12/

Zur Begründung nachlassender Euphorie gibt es eine Vielzahl von Ursachen. Nachhaltigkeitsexperten fordern im Rahmen nachhaltiger Entwicklung in der Regel einen (großen) Transformationsprozess. Dabei wird häufig nicht in ausreichendem Maße aufgezeigt, welche Konsequenzen sich aus der Umsetzung des Transformationsprozesses für unsere Lebensbedingungen ergeben. Daraus begründen sich bei vielen Menschen gewisse Verunsicherungen bzw. Ängste.

Wie kommt es hinsichtlich der Umsetzung von nachhaltiger Entwicklung zu Verunsicherungen?

Das kann durch zwei Beispiele exemplarisch verdeutlicht werden.

Beispiel 1:
So wird immer wieder betont, dass zwischen nachhaltiger Entwicklung und wirtschaftlichem Wachstum ein Widerspruch besteht, wie in Kapitel 5 noch ausführlich aufgezeigt wird. Daraus ergibt sich die immer wieder vorgetragene Forderung nach einem Null-Wachstum oder

sogar nach einem Degrowth, d.h. einem rückläufigen Wachstum. (v. Hauff, Jörg 2017. S. 135 ff) Hier stellt sich natürlich die Frage, welche Auswirkungen das auf den Wohlstand einer Gesellschaft aber auch auf das Einkommen jedes einzelnen Menschen hat. Wie wirkt sich ein **Null-Wachstum** – so eine weitere Frage – auf den Arbeitsmarkt oder die sozialen Sicherungssysteme aus. Hier besteht bei vielen besonders jüngeren Menschen eine Verunsicherung, die nachvollziehbar ist.

Beispiel 2:
Gegenwärtig gibt es in Deutschland auch eine heftige Kontroverse bzw. Diskussion zu der Frage, welche Folgen eine nachhaltigkeitsorientierte Landwirtschaft hat. Das Ziel einer nachhaltigen **Landwirtschaft** ist, Land, Wasser und genetische Ressourcen entsprechend dem Brundtland-Bericht für künftige Generationen zu bewahren. Eine vergleichbare Diskussion gibt es auch hinsichtlich einer nachhaltigen Tierhaltung. Bei der nachhaltigen Landwirtschaft geht es besonders um die Vermeidung einer Abhängigkeitsdynamik zwischen intensiver Düngung und dem Einsatz von Pflanzenschutzmitteln wie Pestiziden und Herbiziden. Stattdessen fördert die nachhaltige Landwirtschaft Wachstumsprozesse mit natürlichen Methoden und Hilfsmitteln. Dazu zählt auch die Einhaltung der Fruchtfolge. Dadurch soll das ökologische Gleichgewicht wiederhergestellt und gefördert werden.

Entsprechend dem Kreislaufgedanken der nachhaltigen Landwirtschaft soll ein Betrieb nur so viele Tiere halten, wie er durch die Bewirtschaftung der eigenen landwirtschaftlichen Fläche versorgen kann. Die nachhaltige **Tierhaltung** zielt auch darauf ab, eine möglichst geringe CO_2-Bilanz durch die Einhaltung von ökologischen Maßstäben zu erreichen. Ein weiteres Anliegen ist die Berücksichtigung des Tierwohls. Daher wurde zur Weiterentwicklung einer nachhaltigen europäischen Tierhaltung die Europäische Forschungsinitiative Nachhaltige landwirtschaftliche Nutztierhaltung (Cofund ERA-NETs Sustainable Animal Production – SusAn) gegründet. Von konventionellen Bauernverbänden und Landwirten wird befürchtet, dass sie die Umsetzung der Forderungen nachhaltiger Landwirtschaft und Nutztierhaltung wirtschaftlich nicht verkraften können, wodurch eine große Verunsicherung entstanden ist.

Gibt es konkrete Anhaltspunkte für die nachlassende Euphorie?

Die Euphorie hat auch aus dem Grund nachgelassen, da bei vielen Menschen eine tief verankerte Bequemlichkeit bzw. eine Scheu vor Veränderungen vorherrscht. Man möchte lieb gewonnene **Pfadabhängigkeiten** nicht aufgeben oder einschränken. Ein typisches Beispiel ist der Plastikmüll und seine verheerenden Auswirkungen, die in den Medien viel thematisiert wurden und die dem Großteil der Menschheit bewusst sind.

So sind die negativen Folgen des wachsenden Plastikmülls besonders in Meeren weltweit bekannt:

> *„Projected growth in plastics production could lead by 2050, in a business-as usual scenario, to the oceans containing more plastics than fish (in wight)." (Ellen McArthur Foundation 2017, S. 22)*

Ein wirklicher Durchbruch zu einer deutlichen Verringerung des Plastikmülls konnte bisher noch nicht erreicht werden, woran die Industrieländer eine erhebliche Mitverantwortung tragen.

Können verantwortliche Akteure zum Thema Plastikmüll genannt werden?

Neben weiteren Ursachen der nachlassenden Euphorie kann noch die Verfestigung bestimmter Interessenlagen durch die Macht von Lobbyisten genannt werden, die politische Reformen teilweise behindert oder verhindert (v. Hauff 2021, S. 238). Das lässt sich durch einige Beispiele aufzeigen. Es gibt einen breiten Konsens, dass der Indikator Bruttoinlandsprodukt den Anforderungen nachhaltiger Entwicklung nicht gerecht wird.

Daher wurde von Diefenbacher et al. ein **Nationaler Wohlfahrtsindex** (NWI 2.0) entwickelt, der für die nationale Nachhaltigkeitsstrategie Deutschlands eine wichtige Weiterentwicklung bedeutet hätte. (Diefenbacher et al. 2011, S. 60) Der Bundesverband der Deutschen Industrie (BDI) hat jedoch schon vor einigen Jahren über die Medien festgestellt, dass sie weiterhin das BIP als einzigen Indikator zur Messung des Wohlstands bzw. der wirtschaftlichen Entwicklung wünschen. Da der NWI 2.0 auch auf Gerechtigkeit abzielt, erschien dieser Indikator wohl nicht als wünschenswert. So hat Deutschland bis heute offiziell keinen Nachhaltigkeitsindikator.

Ist moderne Sklaverei in der Agenda 2030 als unerwünschtes Problem verankert?

Im Rahmen der Fußballweltmeisterschaft in Katar im Jahr 2022 wurde das Thema Sklaverei in den Medien öffentlich gemacht und fand international große Beachtung. Der Bau der Stadien und die benötigte Infrastruktur wurden hauptsächlich von Menschen gebaut, die unter sklavenähnlichen Bedingungen eingesetzt wurden. Dabei sollen nach Schätzungen 6.500 Menschen auch umgekommen sein (Sons 2022, S. 17). Ein weiteres bekanntes Beispiel sind die Arbeitskräfte aus afrikanischen Ländern, die in südeuropäischen Ländern teilweise unter menschenunwürdigen Verhältnissen in der Landwirtschaft arbeiten. Die Produkte werden auch in Deutschland verkauft und konsumiert. Weiterhin zu nennen ist der Menschenhandel, der oft mit sexueller Ausbeutung gekoppelt ist. Hierfür sind die Begriffe Sexsklaverei bzw. Zwangsprostitution kennzeichnend. Natürlich ist festzustellen, dass es schon immer Sklaverei gab. Die moderne Sklaverei unterscheidet sich jedoch ganz wesentlich von der früheren Sklaverei (Bales 2012).

Mit der Erklärung der Menschenrechte 1948 ist das Verbot von Sklaverei eine international akzeptierte Norm. Menschen werden aber immer noch versklavt und unter menschenunwürdigen Bedingungen ausgebeutet. Nach der „International Justice Mission 2022" bedeutet Sklaverei die Ausbeutung von Menschen gegen ihren Willen durch andere Personen oft unter Androhung von Gewalt, Täuschung, Betrug oder Missbrauch. Menschen werden wie Ware behandelt, verkauft und oft bis zur völligen Erschöpfung ausgebeutet (2022, S.6). Entsprechend dem *„Global Slavery Index"* lebten 2023 weltweit 50 Millionen Menschen - mit steigender Tendenz - in Sklaverei. 54 % waren Frauen und Mädchen. Etwa 25 % der versklavten Menschen sind Kinder (Walk Free 2023).

Moderne Sklaverei wird vielfach in jene im Globalen Norden und jene im Globalen Süden unterschieden. Insgesamt ist sie jedoch im Globalen Süden, u.a. wegen der relativ hohen Zahl an Kinderarbeit, viel stärker ausgeprägt. Das erklärt sich durch die vielfach unzureichenden bzw. instabilen Rechtsysteme in Entwicklungsländern wodurch viele Formen der Sklaverei nicht geahndet werden auch wenn sie nach der Verfassung nicht zulässig sind. Es ist jedoch zu bedenken, dass diese strikte Unterscheidung nicht immer zutreffend ist. So wurden im Jahr 2013 nach Schätzungen allein in Italien 50.000 nigerianische Frauen im Rahmen von Zwangsprostitution ausgebeutet (Krause, Weinrauch 2013, S. 92). Es ist auch festzustellen, dass die G20 Länder jährlich Risikoprodukte im Wert von 468 Milliarden $ importieren. Dabei handelt es sich u.a. um Palmöl, wobei für die die Anpflanzung der Palmölplantagen oft Regenwald vernichtet wurde, oder Textilien die teilweise unter sklavenähnlichen Bedingungen hergestellt werden.

Es gibt viele Institutionen bzw. Organisationen wie Human Rights Watch oder die Internationale Arbeitsorganisation die sich für die Bekämpfung moderner Sklaverei engagieren. Darüber hinaus hat sich die Weltgemeinschaft der Agenda 2030 verpflichtet: in SDG 8 (Menschenwürdige Arbeit und Wirtschaftswachstum) wird in dem Unterziel 8.7 gefordert „Sofortige und wirksame Maßnahmen ergreifen, um Zwangsarbeit abzuschaffen, moderne Sklaverei und Menschenhandel zu beenden und das Verbot und die Beseitigung der schlimmsten Formen der Kinderarbeit, einschließlich der Einbeziehung und des Einsatzes von Kindersoldaten sicherzustellen und bis 2025 jeder Form von Kinderarbeit ein Ende zu setzen." Es ist schon heute zu erkennen, dass dieses Ziel bis 2030 nicht umgesetzt werden kann. Im Gegenteil: durch die Zunahme moderner Sklaverei geht dieses Ziel „in die falsche Richtung."

Kann auch der Energiesektor mit aufgezählt werden?

Der Pfad zu einem nachhaltigen Energiesystem wurde in Deutschland wesentlich durch den katastrophalen **Reaktorunfall in Fukushima**, Japan befördert bzw. geebnet. Selbst nach diesem Unfall haben jedoch mächtige Energielobbyisten in Deutschland noch versucht, die Beschreitung des Pfads zu einem nachhaltigen Energiesystem zu verhindern. Dagegen wurde der Weg zu einer nachhaltigen Mobilität und einer nachhaltigen Landwirtschaft, wie schon erwähnt, von mächtigen Interessenverbänden bis heute erschwert bzw. verhindert. Dabei gilt jedoch zu berücksichtigen, dass die viel zitierte Macht der Konsumenten zu einem Wiedererstarken der Euphorie bisher nicht unbedingt beigetragen hat.

Die Agenda 2030 mit den 17 Nachhaltigkeitszielen ist für alle Länder weltweit auf eine politische Verbindlichkeit angelegt. Stimmt das wirklich?

Die →Agenda 2030 war das Nachfolgedokument zu den Millennium Development Goals (MDGs), die im Jahr 2000 verabschiedet wurden. Dabei wurden die Millennium Development Goals oft dafür kritisiert, dass sie zu stark auf die soziale Dimension ausgerichtet waren und die ökologische Dimension vernachlässigt wurde. (v. Hauff, Schulz, Wagner 2018, S. 38) Es stellt sich daher die Frage, wie sich das im Kontext der SDGs darstellt.

Die Verabschiedung der →Agenda 2030 mit den 17 Nachhaltigkeitszielen bündelt verschiedene Intentionen. Alle Länder weltweit sollen die 17 Ziele im Rahmen ihrer nationalen Nachhaltigkeitsstrategie umsetzen, wodurch ein gemeinsames Verständnis nachhaltiger Entwicklung angestrebt wird. Die Agenda 2030 ist somit ein Meilenstein in der jüngeren Geschichte der Vereinten Nationen im Hinblick auf die konkrete Ausgestaltung und Umsetzung nachhaltiger Entwicklung. Es gibt einen breiten Konsens, dass die Verabschiedung der Agenda 2030 durch die Völkergemeinschaft heute nicht mehr erreicht werden könnte.

Da die Zielerreichung der SDGs überwiegend auf das Jahr 2030 ausgerichtet ist, soll in diesem Zeitraum ein Transformationsprozess in den nationalen Volkswirtschaften zu mehr nachhaltiger Entwicklung weltweit vorangetrieben werden. (BMUB 2017) Bei den Vertretern der internationalen Staatengemeinschaft besteht ein Konsens, dass die globalen Herausforderungen nachhaltiger Entwicklung nur gemeinsam gelöst werden können. Der Anspruch ist somit auf der Grundlage der →Agenda 2030 wirtschaftlichen Fortschritt mit sozialer Gerechtigkeit in den ökologischen Grenzen des Planeten in Einklang zu bringen.

Linktipp:
Das Originaldokument der Agenda 2030 ist aufzurufen unter: UN (United Nations): Resolution der Generalversammlung Es wurde am 01. September 2015 unter der Dokumentennummer 69/315 verabschiedet.
www.un.org/depts/german/gv-69/band3/ar69315.pdf

Sind manche Volkswirtschaften mit der Verfolgung von Nachhaltigkeitsstrategien überfordert?

Obwohl sich alle Länder, wie schon erwähnt, dazu bekannt haben, zeichnet sich heute schon ab, dass besonders viele Entwicklungsländer damit überfordert sind bzw. einige Regierungen in Industrieländern nicht bereit sind ihrer Verantwortung hinsichtlich der Entwicklung und Umsetzung einer nationalen Nachhaltigkeitsstrategie nachzukommen. Ein wesentliches Kriterium für eine Bewertung hierbei ist, in welchem Maße der Prozess zur Entwicklung und Umsetzung einer nationalen Nachhaltigkeitsstrategie partizipativ angelegt ist – wie es in der →Agenda 2030 gefordert wird – und wie anspruchsvoll die einzelnen Ziele vorgegeben werden. Eine aktuelle Frage ist nicht nur in Deutschland, ob die Maßnahmen für den Klimaschutz entsprechend der Vereinbarungen der Pariser Konvention ausreichen.

Wie wird das Thema in den einzelnen Ländern umgesetzt?

Die internationale Vereinbarung von 2015 zielt – wie schon ausgeführt – darauf ab, dass alle Länder auf der Grundlage der Agenda 2030 ihre nationale Nachhaltigkeitsstrategie entwickeln und umsetzen. Somit haben alle Länder im Prinzip die gleiche Ausgangsituation: Für alle Länder sind diese 17 Ziele verbindlich.

8 | Symbole der 17 Nachhaltigkeitsziele

Hierbei gilt jedoch zu berücksichtigen, dass die einzelnen Länder von sehr unterschiedlichen Bedingungen ausgehen. Das gilt für viele der Ziele wie Armut, Bildung, Gesundheit und die Verfügbarkeit von Trinkwasser. Daher muss bei der Ausgestaltung der nationalen Nachhaltigkeitsstrategie die unterschiedliche Ausgangslage der einzelnen Länder berücksichtigt werden. Das führt dazu, dass sich die konkrete Ausgestaltung der 17 SDGs durch Unterziele in der Regel unterscheidet.

Gibt es unter den 17 Nachhaltigkeitszielen eine Priorisierung?

Grundsätzlich ist von den Industrie- und Entwicklungsländern zu berücksichtigen, dass in der Präambel der Agenda 2030 **fünf Kernbotschaften** bzw. übergeordnete Ziele aufgeführt werden. Sie sollen den Nachhaltigkeitszielen handlungsleitend vorangestellt werden und sollen in jedem der 17 SDGs Berücksichtigung finden. (UN 2015, S. 2-3) Üblich sind die englischen Begriffe, da in diesem Zusammenhang von den fünf Ps der Agenda gesprochen wird:

- Menschen/**People** (Beachtung der Menschenwürde)
- Planet/**Planet** (Schutz des Planeten Erde)
- Wohlstand/**Prosperity** (erfülltes Leben in Wohlergehen)

- Frieden/**Peace** (nachhaltige Entwicklung ist nur im Frieden möglich)
- Partnerschaft/**Partnership** (Revitalisierung globaler Partnerschaft)

Eine Verknüpfung bzw. Zusammenführung der 5 Kernbotschaften ist für eine dauerhafte Umsetzung nachhaltiger Entwicklung von entscheidender Bedeutung. Durch das Wahrnehmen und die Berücksichtigung alles Erstrebenswerten kann das Leben der Menschheit grundlegend verbessert werden. In der folgenden Grafik wird die Verknüpfung der 5Ps dargestellt.

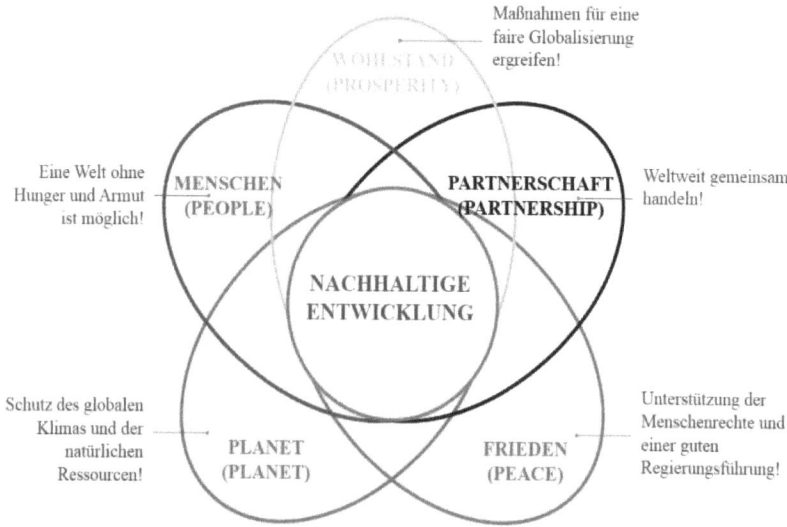

9 | Die 5 Ps der nachhaltigen Entwicklung
Quelle: Eigene Darstellung in Anlehnung an BMZ, 2017

Umfasst die Präambel der Agenda nur diese Kernbotschaften?

In der Präambel der Agenda werden weiterhin die Prinzipien, an denen sich die Umsetzung orientieren soll, aufgeführt:

- **Universalität:** die Strategie gilt für alle Länder
- **Unteilbarkeit:** die Agenda soll in ihrer Gesamtheit, d.h. nicht nur einzelne Ziele umgesetzt werden
- **Niemand zurücklassen:** die Agenda 2030 ist erst dann realisiert, wenn auch die Ärmsten eine Verbesserung ihrer Lebensbedingungen erfahren
- **Rechenschaftspflicht:** es soll eine regelmäßige, transparente und internationale Berichterstattung zur Gewährleistung der Rechenschaftspflicht stattfinden
- **Partnerschaftlichkeit:** alle tragen für die Umsetzung Verantwortung: Länder, Städte und Gemeinden, Zivilgesellschaft, Wirtschaft und Wissenschaft

Gibt es bei den Zielen auch einzelne, die untereinander in Konflikt geraten können?

Auch für die SDGs gilt, dass sich die Ziele einander bedingen, grundsätzlich unteilbar miteinander verbunden sind, global ausgerichtet, universell anwendbar und die unterschiedlichen Realitäten zu berücksichtigen sind. Wie die globalen Zielvorgaben in konkrete nationale Planungsprozesse, Politiken und Strategien eingehen und umgesetzt werden, ist jedoch – wie schon erwähnt – von jeder Regierung individuell und dezidiert auszuarbeiten. (UN 2015, S. 13) Die folgende Übersicht gibt einen Überblick über die 17 SDGs.

Literaturtipp:
Wer die 17 SDG vertiefend nachlesen möchte, dem sei der utb-Band „Deutschlands Nachhaltigkeitsstrategie" empfohlen, der 2018 erschienen ist. Verfasser des Buches sind Michael von Hauff, Robin Schulz und Robin Wagner.

Sustainable Development Goals

Ziel 1	Armut in allen ihren Formen und überall beenden
Ziel 2	Den Hunger beenden, Ernährungssicherheit und eine bessere Ernährung erreichen und eine nachhaltige Landwirtschaft fördern
Ziel 3	Ein gesundes Leben für alle Menschen jeden Alters gewährleisten und ihr Wohlergehen fördern
Ziel 4	Inklusive, gleichberechtigte und hochwertige Bildung gewährleisten und Möglichkeiten lebenslangen Lernens für alle fördern
Ziel 5	Geschlechtergleichstellung erreichen und alle Frauen und Mädchen zur Selbstbestimmung befähigen
Ziel 6	Verfügbarkeit und nachhaltige Bewirtschaftung von Wasser und Sanitärversorgung für alle gewährleisten
Ziel 7	Zugang zu bezahlbarer, verlässlicher, nachhaltiger und moderner Energie für alle sichern
Ziel 8	Dauerhaftes, breitenwirksames und nachhaltiges Wirtschaftswachstum, produktive Vollbeschäftigung und menschenwürdige Arbeit für alle fördern
Ziel 9	Eine widerstandsfähige Infrastruktur aufbauen, breitenwirksame und nachhaltige Industrialisierung fördern und Innovationen unterstützen
Ziel 10	Ungleichheit in und zwischen Ländern verringern
Ziel 11	Städte und Siedlungen inklusiv, sicher, widerstandsfähig und nachhaltig gestalten
Ziel 12	Nachhaltige Konsum- und Produktionsmuster sicherstellen
Ziel 13	Umgehend Maßnahmen zur Bekämpfung des Klimawandels und seiner Auswirkungen ergreifen*
Ziel 14	Ozeane, Meere und Meeresressourcen im Sinne nachhaltiger Entwicklung erhalten und nachhaltig nutzen
Ziel 15	Landökosysteme schützen, wiederherstellen und ihre nachhaltige Nutzung fördern, Wälder nachhaltig bewirtschaften, Wüstenbildung bekämpfen, Bodendegradation beenden und umkehren und dem Verlust der biologischen Vielfalt ein Ende setzen
Ziel 16	Friedliche und inklusive Gesellschaften für eine nachhaltige Entwicklung fördern, allen Menschen Zugang zur Justiz ermöglichen und leistungsfähige, rechenschaftspflichtige und inklusive Institutionen auf allen Ebenen aufbauen
Ziel 17	Umsetzungsmittel stärken und die Globale Partnerschaft für nachhaltige Entwicklung mit neuem Leben erfüllen

---

* In Anerkennung dessen, dass das Rahmenübereinkommen der Vereinten Nationen über Klimaänderungen das zentrale internationale zwischenstaatliche Forum für Verhandlungen über die globale Antwort auf den Klimawandel ist..

10 | Die 17 SDGs der Vereinten Nationen
Quelle: Eigene Darstellung in Anlehnung an UN 2015b S. 15

Werden in der Agenda 2030 Problembereiche vernachlässigt?

In der Agenda 2030 mit den 17 SDGs werden bestimmte gravierende Bereiche bzw. Probleme vernachlässigt. Das soll an den Themen „Kriege und bewaffnete Konflikte" und dem „Finanzsektor" verdeutlicht werden.

Warum bleiben Kriege und bewaffnete Konflikte in der Agenda 2030 unberücksichtigt?

Eine der grausamsten Konflikte sind Kriege und bewaffnete Konflikte. Zur aktuellen Situation lässt sich feststellen, dass es im Jahr 2023 so viele Gewaltkonflikte gab wie nie zuvor. Dies wurde von den vier deutschen Friedensforschungsinstituten bei der Präsentation des Friedensgutachtens 2024 vorgetragen (Leibnitz-Institut für Friedens- und Konfliktforschung 2024). Entsprechend haben auch die Militärausgaben ein historisches Hoch erreicht, was sich u.a. durch die Kriege in der Ukraine und Gaza begründet. Das Heidelberger Institut für internationale Konfliktforschung weist mit 40 begrenzten und vollentfalteten Kriegen eine hohe Zahl gewaltsamer Konflikte aus. Weiterhin gibt es 43 innerstaatliche Krisen und Kriege. Sie prägen ganz wesentlich die internationale Konfliktlandschaft. Hierzu gehört beispielhaft die fortgesetzte Repression der Proteste gegen den Wahlbetrug des Lukaschenko-Regimes in Belarus mit Unterstützung Russlands. Ein weiteres Beispiel sind auch die Auseinandersetzungen rivalisierender Banden in El Salvator. Weiterhin ist der Bürgerkrieg in Myanmar exemplarisch zu nennen.

Es kann festgestellt werden, dass mehr als die Hälfte aller Gewaltkonflikte in Afrika stattfinden. Im Jahr 2021 blieb Subsahara-Afrika die Region mit den meisten Kriegen: elf Kriege wurden fortgesetzt und fünf begrenzte Kriege eskalierten. Auffällig ist, dass in Afrika südlich der Sahara die VR China und Russland in allen Konfliktländern präsent sind. So lässt sich feststellen, dass Peking und Moskau gezielt Räume nutzen, die sich auf Grund des Ansehensverlustes westlicher Staaten bieten. Zumindest die russische Politik trägt in dieser Region zu einer Verschärfung der Konflikte bei (Schrader 2022). Während in dem Zeitraum zwischen 2014 und 2019 die Todesfälle durch organisierte Gewalt sanken, stieg die Zahl im Jahr 2021erstmals wieder auf mehr als 119.100 Todesfälle mit steigender Tendenz an. Aber auch die Zahl der Flüchtlinge erreichte aufgrund von Kriegen

und Gewaltkonflikten Ende 2021 entsprechend dem „Global Trends Report"
der UNHCR mit 89,3 Millionen Menschen einen Höhepunkt. Durch den
Russischen Angriffskrieg in der Ukraine ist die Zahl über 100 Millionen
angestiegen.

Es gibt global einen Konsens, dass der Transformationsprozess zu einer
nachhaltigen Entwicklung nur möglich ist, wenn Kriege und bewaffnete
Konflikte vermieden bzw. überwunden werden. Daher stellt sich die Frage,
ob diese Erkenntnis sich in der Agenda 2030 bzw. in einem der SDGs
wiederfindet bzw. verankert ist. Im Rahmen des SDG 16 verpflichtet sich die
Völkergemeinschaft auf: „Friedliche und inklusive Gesellschaften fördern,
allen Menschen Zugang zur Justiz ermöglichen und effektive, rechenschaftspflichtige und inklusive Institutionen auf allen Ebenen aufbauen." Die
Formulierung „friedliche und inklusive Gesellschaften fördern" ist in diesem
Kontext recht vage und zielt primär auf die Vermeidung von Kriminalität.
Sie enthält weder eine Zielsetzung zur Erhaltung bzw. Wiederherstellung
nationalen bzw. globalen Friedens noch relevante Indikatoren zur Konkretisierung bzw. Umsetzung der Zielsetzung. Das trifft auch für SDG 17 zu wo
gefordert wird „globale Partnerschaften für nachhaltige Entwicklung wiederbeleben." Daher besteht in der Agenda 2030 hinsichtlich der Vermeidung
oder Überwindung von Kriegen bzw. bewaffneten Konflikten ein eklatantes
Defizit.

Dabei wurde die Konfliktbearbeitung nach dem Ende des Ost-West-Kon-
flikts zu einem neuen globalen Politikfeld, wobei die Hoffnungen auf eine
friedliche Weltordnung enttäuscht wurden. Dabei wurden besonders die
Vermeidung und Beendigung bewaffneter innerstaatlicher Konflikte als
gemeinsame Herausforderung der internationalen Staatengemeinschaften
verstanden. Das führte zu einem Paradigmenwechsel im Vergleich zu den
vier Jahrzehnten des Ost-West-Konfliktes. Nach einer Phase der Aufbruch-
stimmung, gemeinsamer Anstrengungen und erster positiver Ergebnisse
kam es ab Ende der 1990er Jahre zu beachtlichen Misserfolgen die sich
ab Ende der 2000er Jahre durch das Aufkommen autoritärer Regime und
Bewegungen noch verschärften (Schrader 2023). Insofern besteht ein großer
Handlungsbedarf, der auch in der Agenda verankert werden sollte.

Der Finanzsektor könnte für die nachhaltige Entwicklung eine herausragende Bedeutung haben. Warum bleibt in der Agenda 2030 ein nachhaltiger
Finanzsektor unberücksichtigt?

Der Finanzsektor hat als zentraler Intermediär eine herausragende Bedeutung für die (Nicht-)Nachhaltigkeit der Entwicklung Deutschlands.

Grundlegend lässt sich feststellen, dass seine primäre Aufgabe in der Vermittlung zwischen Angebot und Nachfrage von Finanzkapital besteht um es gesamtwirtschaftlich produktiv einzusetzen. Hierbei kommt der Sicherheit beziehungsweise dem Risiko aus gesamtgesellschaftlicher Sicht hinsichtlich der Stabilität des Finanzsystems eine herausragende Bedeutung zu. Der Bezug des Finanzsektors zu dem Paradigma nachhaltiger Entwicklung wird erst langsam wahrgenommen. So stellt das Umweltbundesamt fest, dass sich Deutschland bisher auf einem wenig nachhaltigen Entwicklungspfad befindet, was sich aus dem Versagen der vermeintlichen Selbstregulierungskräfte der Finanzmärkte begründet. Noch sind kurzfristige monetäre Profite handlungsleitend, Kosten werden nach Möglichkeit externalisiert und Gemeingüter übernutzt.

Daher stellt der „Rat für nachhaltige Entwicklung (RNE) als offizielles Beratungsgremium der Bundesregierung fest, dass dem Finanzsektor bei der Umsteuerung zu mehr Nachhaltigkeit eine Schlüsselrolle zukommen könnte. Dabei wird der Finanzsektor in der Agenda 2030 und den 17 SDGs und entsprechend in der deutschen Nachhaltigkeitsstrategie bisher gänzlich ignoriert. Dabei zeichnet sich der Finanzsektor durch Volatilität aus und fördert die Ungleichverteilung was dem Paradigma der nachhaltigen Entwicklung diametral widerspricht. Positiv ist jedoch festzustellen, dass die EU mit dem 2018 verabschiedeten und 2022 erweiterten „Aktionsplan Sustainable Finance" eine Strategie vorlegte, mit der nachhaltige Investitionen innerhalb Europas gestärkt werden sollen. Weiterhin hat der „Rat für nachhaltige Entwicklung" im Rahmen der deutschen Nachhaltigkeitsstrategie von 2017 bis 2019 einen offenen Stakeholder Dialog zu dem Thema nachhaltiger Finanzsektor organisiert. Es folgte 2019 die Einberufung eines Beirates, der 2021 den ersten Abschlussbericht *Shifting the Trillions – Ein nachhaltiges Finanzsystem für die große Transformation"* vorlegte. Danach bedarf es „neben Leuchtturmprojekten umfassender Anpassungen der rechtlichen Rahmenbedingungen ... und verlässlicher Leitplanken" um Nachhaltigkeitskriterien im Finanzsystem zu verankern (Rat für nachhaltige Entwicklung 2023, S. 2).

Sind die 17 SDGs und die Unterziele entsprechend den drei Nachhaltigkeitsdimensionen ausgewogen gewichtet?

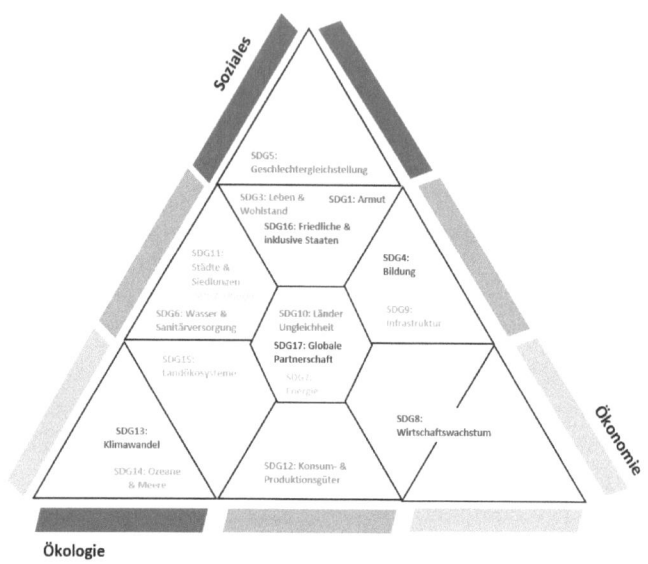

11 | Zuordnung der SDGs im Nachhaltigkeitsdreieck
Quelle: Eigene Darstellung

Zur Bewertung wird **das integrierende Nachhaltigkeitsdreieck** zu Grunde gelegt. In ihm werden die Ziele den drei Dimensionen zugeordnet. Es bleibt dem Leser selbst überlassen, ob die Ziele den Dimensionen stimmig zugeordnet wurden und ob es zwischen den drei Dimensionen ein Gleichgewicht bzw. Ungleichgewicht gibt.

Alle Länder sollen bis 2030 die Ziele erreichen. Aber wer kann es wirklich schaffen?

Die Erreichung der 17 SDGs und der Unterziele in den einzelnen Ländern ist von einer Vielzahl von Faktoren abhängig. Ein wichtiger Faktor ist wie ambitioniert die Ziele in den nationalen Nachhaltigkeitsstrategien vorgegeben sind. Es besteht die Gefahr, dass bei der Zielvorgabe „der

Weg des geringsten Widerstands" eingeschlagen wird, um einen möglichst hohen Zielerreichungsgrad vorweisen zu können. Ein weiterer Faktor ist, wieviel Unterziele ein Land anstrebt. Hier besteht die Gefahr, dass besonders Entwicklungsländer zu viele Ziele anstreben, um damit alle Probleme abzudecken. Vielfach ist eine gewisse Priorisierung notwendig um die drängendsten Probleme – zumindest für eine bestimmte Phase – in den Vordergrund zu stellen. Deutschland hat sich hier mit 63 Unterzielen gut positioniert.

Die Zielerreichung hängt weiterhin von der Häufigkeit und der Intensität des Klimawandels (Stürme, Überschwemmungen und Trockenheiten), also der Auswirkungen von **Naturkatastrophen** ab. Weiterhin wird die Zielerreichung durch den Grad der Unfähigkeit von Regierungen und durch das Ausmaß der Korruption beeinträchtigt. Auch die Häufigkeit militärischer Konflikte zwischen Ländern, in die oft auch Industrieländer involviert sind, beeinträchtigt die Zielerreichung in erheblichem Maße.

Das SDG 10 fordert Ungleichheit in und zwischen Ländern zu verringern. Betrachtet man sich z. B. die Einkommensentwicklung weltweit, so kann man feststellen, dass die Einkommensdisparitäten sowohl in Entwicklungs- als auch in Industrieländer eher zu- als abnehmen (Piketty 2016). Aber auch die Ungleichheit zwischen den Geschlechtern stagniert noch in vielen Ländern. Insofern gibt es nur eine kleine Minderheit von Ländern, wie die skandinavischen Länder, bei denen in der gesamten Breite der SDGs eine positive Entwicklung zu erwarten ist. Dagegen wird die große Mehrheit der Länder nur bei einzelnen bzw. einigen wenigen Zielen Fortschritte erreichen, nicht jedoch bei der Gesamtheit der SDGs. Die Dynamik des Fortschritts wird sich zwischen den Ländern ebenfalls unterscheiden.

Steht Nachhaltigkeit auf der Ebene der EU auf der politischen Agenda?

Am 22. November 2016 veröffentlichte die EU-Kommission ihre Nachhaltigkeitsstrategie mit dem Titel „Next steps for a sustainable European future – European action for sustainability". Sie basiert auf der →Agenda 2030 und den 17 Nachhaltigkeitszielen. Dabei handelt es sich um die Weiterführung der 2001 initiierten und 2006 fortgeschriebenen Strategie. Die Strategie von 2001 und die Fortschreibung von 2006 zielte auf folgende sechs Herausforderungen ab:

- Klimawandel,
- öffentliche Gesundheit,
- Armut,
- demographischer Wandel,
- biologische Artenvielfalt und
- Verkehrsüberlastungen.

Die neue Nachhaltigkeitsstrategie von 2016 ist deutlich umfangreicher, ausgereifter und vollkommen neugestaltet.

Gibt es für die Nachhaltigkeitsstrategie von 2016 konkrete Rechtsgrundlagen?

Die nachhaltige Entwicklung ist in der europäischen Politik und in den EU-Verträgen verankert. In einer Reihe von wichtigen sektorübergreifenden Projekten haben sich eine Reihe von Richtlinien und Initiativen durchgesetzt. (Eurostat 2018) Die EU verpflichtete sich in Abstimmung mit ihren Mitgliedsstaaten zur Unterstützung der Umsetzung der →Agenda 2030 und zur Förderung einer nachhaltigen Zukunft aller.

Wie wird die Agenda 2030 konkret umgesetzt?

Die Umsetzung der Agenda 2030 innerhalb der EU soll in zwei Schritten erfolgen. Im ersten Schritt geht es um eine vollständige Einbettung der SDGs in den europäischen Politikrahmen. Weiterhin geht es um eine Bestandsaufnahme sowie die Benennung der größten Herausforderungen für eine nachhaltige Entwicklung. Der zweite Schritt zielt auf die Entwicklung einer langfristigen Perspektive sowie eine Reflexion bezüglich der Schwerpunkte über das Jahr 2020 hinaus. (European Commission 2016, S. 2-3)

Eine Besonderheit sind die **10 Kommissionsprioritäten** zur Agenda 2030 (European Commission 2016, S. 7-12):

1. Neue Impulse für Arbeitsplätze, Wachstum und Investitionen;
2. Ein vernetzter digitaler Binnenmarkt;

3. Eine robuste Energieunion mit einer zukunftsorientierten Klimaschutzpolitik;
4. Ein vertiefter und fairer Binnenmarkt mit gestärkter industrieller Basis;
5. Eine vertiefte und fairere Wirtschafts- und Währungsunion;
6. Ein vernünftiges und ausgewogenes Freihandelsabkommen mit den Vereinigten Staaten;
7. Ein auf gegenseitigem Vertrauen basierender Raum des Rechts und der Grundrechte;
8. Eine neue Migrationspolitik;
9. Mehr Gewicht auf der internationalen Bühne;
10. Eine Union des demokratischen Wandels.

Daraus wird deutlich, dass die EU-Kommission **Prioritäten** gesetzt hat. Der Fokus liegt dabei auf der Handelspolitik der EU, der Erweiterungspolitik, der Europäischen Nachbarschaftspolitik, der Entwicklungspolitik, den EU internen Partnerschaften sowie der Kohärenz der EU-Politik. Die Umsetzung der Strategie, d.h. *„how the EU will take forward the implementation of the 2030 Agenda"* erfordert ein sektorübergreifendes, ganzheitliches politisches Konzept. Dabei ist sicherzustellen, dass ökologische, wirtschaftliche und soziale Herausforderungen gemeinsam angegangen werden.

Wie sieht es um die politische Steuerung der EU-Nachhaltigkeitsstrategie aus und welche Defizite sind festzustellen?

Die politische Steuerung verlangt geeignete Instrumente, die eine politische Koordination der EU sicherstellt. Weiterhin geht es um die Messung der erzielten Fortschritte auf nationaler, EU-, UN- und globaler Ebene. Die Verwirklichung der Nachhaltigkeitsziele soll in Absprache mit den Mitgliedstaaten der EU erfolgen. Bei diesem Prozess soll umfassend Rechenschaft abgelegt werden. Das übergeordnete Ziel der 2016er-Nachhaltigkeitsstrategie ist die Verbesserung der Lebensqualität für heutige und zukünftige Generationen. Dies entspricht den Zielen der 1. EU-Nachhaltigkeitsstrategie von 2001 (Commission of the European Communities 2001, S. 9ff). Die

Umsetzung der europäischen Nachhaltigkeitsstrategie von 2016 wurde komplexer, da sich die Zahl der Indikatoren von 84 auf 100 erhöhte während die übergeordneten Ziele von 10 auf 17 ausgeweitet wurden.

Betrachtet man die Strategie aus kritisch konstruktiver Perspektive so ist zunächst die mangelnde Quantifizierbarkeit von Zielvorgaben als unbefriedigend zu bewerten. Nur für 16 der 100 Indikatoren, besonders in den Bereichen Klima, Energieverbrauch, Bildung, Armut und Beschäftigung weist die Nachhaltigkeitsstrategie von 2016 spezifische Zielevorgaben auf, die erreicht werden sollen. (Eurostat 2017, S. 9) Bei den anderen Indikatoren werden die Ziele so formuliert, dass die aktuelle Richtung beibehalten oder verbessert werden soll, ohne jedoch quantitativ messbare Zielwerte zu nennen. Somit werden die Ziele lediglich als verallgemeinerte relative Ziele ausgegeben. Hierzu stellen Holden et al. fest, dass Indikatoren mit lediglich relativen Zielen als zweckmäßig bewertet werden können, jedoch nicht sinnvoll sind. (Holden, Linnerud, Banister 2017, S. 222)

Gibt es weitere Kritikpunkte an der Nachhaltigkeitsstrategie?

Ja, da sind noch einige kritische Punkte.

Ergänzend zu den unpräzisen Zielvorgaben kann noch festgestellt werden, dass auch die Zielzeitpunkte, d. h. wann die Ziele erreicht werden sollen, nicht klar benannt wurden. Eine der wenigen Ausnahmen bezieht sich auf das SDG 8 in dem es u. a. um die Erwerbstätigenquote geht. So soll bis 2020 eine Gesamterwerbstätigenquote von 75 Prozent erreicht werden.

Bei einigen Zielhorizonten, die schon vor Jahren vorgegeben, jedoch nicht erreicht wurden, wurde die Zielvorgabe unverändert belassen und die Zielerreichung auf einen späteren Zeitpunkt verschoben. In diesem Zusammenhang ist auch kritisch anzumerken, dass es an der Nennung konkreter Maßnahmen mangelt. Auch hier gibt es jedoch Ausnahmen: So kann der Indikator im Rahmen von SDG 12 für die „durchschnittlichen CO_2-Emissionen pro km von neuen Personenkraftwagen" genannt werden, der zur Zielerreichung beitragen soll. (Eurostat 2017, S. 248ff)

Auffällig ist auch, dass jedes der 17 SDGs die gleiche Anzahl von Indikatoren aufweist. Ein Grund hierfür könnte sein, dass alle SDGs als gleichwertig angesehen werden. Dagegen wäre es überzeugender, wenn die einzelnen SDGs mit den relevanten Indikatoren ausgestattet würden. So wäre es im Sinne der Vereinbarkeit von Beruf und Familie sicher angemessen, den Indikator „Ganztagsbetreuung von Kindern" zusätzlich aufzunehmen. In diesem Kontext sind noch viele andere Indikatoren zu nennen, wie der „Bevölkerungsteil, der über das Auftreten von Kriminalität, Gewalt oder Vandalismus in seiner Umgebung berichtet." Daher ist zu erwarten, dass in Zukunft weiter über den Indikatorenset diskutiert wird.

Schließlich ist noch anzumerken, dass kurz nach der Veröffentlichung der europäischen Nachhaltigkeitsstrategie 2016 bzw. des Monitoringberichts 2017, der die Indikatoren der Nachhaltigkeitsstrategie erstmals aufführte, in der Fortschreibung des Monitoringberichts 2018 die bisherigen Indikatoren durch neue ersetzt und weitere teilweise grundlegend überarbeitet wurden. Das deutet darauf hin, dass die Nachhaltigkeitsstrategie von 2016 eher als eine übereilt veröffentlichte, statt einer sorgfältig entwickelten und ausgereiften Strategie erschien. Dieser Eindruck wird dadurch noch verstärkt, dass Teilziele sich mitunter ausschließen oder es zur Doppelung von Zielaussagen kommt, besonders wenn bereits positive Trends zu verzeichnen sind. Daher lässt sich abschließend feststellen, dass die europäische Nachhaltigkeitsstrategie sowohl hinsichtlich der Ausgestaltung als auch der Umsetzung noch ein Potenzial der Verbesserung bzw. Weiterentwicklung aufweist.

Nachhaltigkeit in Deutschland

 Deutsche Nachhaltigkeitsstrategie – gibt es eine und was bringt sie? Läuft hier alles richtig oder noch vieles falsch? All das wird in diesem Kapitel besprochen und auch, was Länder, Gemeinden, Unternehmen und was jeder einzelne für eine nachhaltige Entwicklung tun kann.

Wie sieht es mit der Nachhaltigkeit in Deutschland aus?

Im Jahr 1997 hat die Völkergemeinschaft – wie schon erwähnt – beschlossen, dass alle Länder bis 2002 eine nationale Nachhaltigkeitsstrategie entwickeln und in der Folge implementieren sollen (v. Hauff 2021, S. 12). Die Unterzeichnerstaaten bekräftigten damit 1997 die Ziele der Agenda 21und verpflichteten sich im Rahmen einer nationalen Nachhaltigkeitsstrategie eine ökologisch verträgliche, wirtschaftlich leistungsfähige und sozialgerechte Entwicklung anzustreben. Die Strategie sollte in einem langfristigen, systematischen Umsetzungs- bzw. Transformationsprozess überführt werden. Es ist zu erwähnen, dass bereits in der Agenda 21 auch die Anforderungen an eine nationale Nachhaltigkeitsstrategie konkretisiert wurden, die bis heute noch Gültigkeit haben:

„Die Regierungen sollten soweit angebracht in Zusammenarbeit mit internationalen Organisationen eine nationale Strategie für nachhaltige Entwicklung verabschieden, die unter anderem auf der Umsetzung der Konferenzbeschlüsse aufbaut, insbesondere soweit diese die Agenda 21 betreffen. Diese Strategie sollte von den verschiedenen sektoralen Politiken und Plänen eines Landes im Wirtschafts-, Sozial- und Umweltbereich ausgehen und diese miteinander abstimmen. Die im Rahmen bereits existierenden Planungsvorhaben, wie etwa einzelstaatlicher Bereiche für die Konferenz, Naturschutzstrategien und Umweltaktionsplänen, gewonnenen Erfahrungen sollten umfassend genutzt und in eine von den Ländern gesteuerte Nachhaltigkeitsstrategie eingebunden werden. Zu den Zielen dieser Strategie sollte es gehören, eine sozialverträgliche wirtschaftliche Entwicklung bei gleichzeitiger Schonung der Ressourcenbasis und der Umwelt zum Nutzen künftiger Generationen sicherstellen. Sie sollte mit möglichst großer Beteiligung entwickelt werden. Außerdem sollte sie von einer genauen Bewertung der aktuellen Situation und aktueller Initiativen ausgehen." (UNCED 1992, Kapitel 8.7)

Hatten Länder sehr unterschiedliche Strategieansätze?

Ja, es waren hauptsächlich europäische Staaten und einige weitere Industrieländer außerhalb Europas die eine nationale Nachhaltigkeitsstrategie entwickelten und den Umsetzungsprozess einleiteten. Länder, die in der Anfangsphase noch keine nationale Nachhaltigkeitsstrategie vorlegten, haben teilweise erste Koordinations- und Beratungsprozesse eingeleitet. Andere Länder haben zumeist nur Umwelt- oder Entwicklungspläne aufgestellt

(UNDESA 2003). In dem Zeitraum 1992 bis 2015 begann ein weltweiter Prozess der Entwicklung nationaler Nachhaltigkeitsstrategien mit unterschiedlicher Intensität in den einzelnen Ländern. (Scholz 2017, S. 24 ff)

Wie kam es in Deutschland zu einer nationalen Nachhaltigkeitsstrategie?

Die deutsche Bundesregierung kam der Verpflichtung der internationalen Völkergemeinschaft von 1997 nach und erarbeitete die erste deutsche nationale Nachhaltigkeitsstrategie (NNS). Sie wurde bei der Rio-Nachfolgekonferenz in Johannesburg 2002 unter dem Titel *„Perspektiven für Deutschland – Unsere Strategie für nachhaltige Entwicklung"* vorgelegt. Sie wurde an der Agenda 21 sowie an dem Bericht der **Enquete-Kommission** „Schutz des Menschen und der Umwelt" des Deutschen Bundestages aus dem Jahr 1995 angelehnt. Sie basierte auf vier großen Themenschwerpunkten:

- – →Generationengerechtigkeit,
- – Lebensqualität,
- – sozialer Zusammenhalt,
- – internationale Verantwortung.

Auch damals wurde schon in dem Dokument der Nachhaltigkeitsstrategie betont, dass sie die Grundlage für politische Reformen sein solle. Sie sollte somit als Handlungsanleitung für eine umfassende Neuorientierung zukunftsfähiger Politik dienen und damit der generationenübergreifenden Verantwortung einer ökologischen, ökonomischen und sozial tragfähigen Entwicklung entsprechen. (Bundesregierung 2002)

Linktipp:
Weitere Infos über Deutschlands Nachhaltigkeitsstrategie findest du auf der Internetseite der Bundesregierung (www.bundesregierung.de/breg-de/themen/nachhaltigkeitspolitik) sowie auf der Seite vom Umweltbundesamt (www.umweltbundesamt.de).
Auf www.dieglorreichen17.de/g17-de/ werden die 17 Nachhaltigkeitsziele gebündelt erklärt.

Kam es zu dem geforderten neuen Politikstil und zu einer umfassenden Transformation?

Es ist kritisch anzumerken, dass die nationale Nachhaltigkeitsstrategie weder von der Regierung noch von den Parteien als ganzheitliche Strategie wahrgenommen und entsprechend auch nicht umgesetzt wurde. Sie führte daher auch nicht zu dem geforderten neuen Politikstil der eine Transformation einleiten sollte. Auch die erste nationale Nachhaltigkeitsstrategie war bereits durch Ziele und Unterziele strukturiert. Die Ziele wurden durch entsprechende Nachhaltigkeitsindikatoren konkretisiert. (zu einer ausführlichen Darstellung vgl. v. Hauff, Schulz, Wagner 2018, S. 59 ff). Die 21 ausgewählten Bereiche wurden den vier zu Beginn schon genannten Leitbildern nachhaltiger Entwicklung zugeordnet. Sie sollten die erzielten Fortschritte und den weiteren Handlungsbedarf aufzeigen (Bundesregierung 2002, S. 89)

Dabei wurde bewusst eine geringe Zahl von Schlüsselindikatoren gewählt, um einen guten Überblick über die wichtigsten Entwicklungen zu erhalten. In Ergänzung zu der oben aufgeführten Kritik ist hier anzumerken, dass eine isolierte Betrachtung der einzelnen Indikatoren, wie das in der Politik häufig der Fall ist, nur begrenzt aussagefähig ist. Das reicht für eine Beurteilung des Fortschritts jedoch nicht aus, da jeder Indikator als Teil des komplexen Indikatorensystems zu betrachten ist und die Indikatoren sich teilweise gegenseitig bedingen (Bundesregierung 2002, S. 89 ff). Werden mehrere Ziele gleichzeitig verfolgt, kann es auch zu Zielkonflikten kommen.

Wie wurde die erste nationale Nachhaltigkeitsstrategie bewertet?

Die erste nationale Nachhaltigkeitsstrategie wurde durch eine Vielzahl von Stellungnahmen aus verschiedener Perspektive kommentiert. Im positiven Sinne wurde der partizipative Grundgedanke deutlich. Erste Stellungnahmen gingen zu dem Entwurf 2001 ein. Weitere Stellungnahmen haben sich der 2002 veröffentlichten Strategie zugewandt und andere kommentierten erste Ergebnisse der Umsetzung. Dem Rat für nachhaltige Entwicklung, der für die Regierung eine Beraterfunktion einnimmt, kam dabei eine besondere Bedeutung zu. Er kommt zu einer grundsätzlich positiven

Einschätzung der Nachhaltigkeitsstrategie. Begründung: der Entwurf stellt eine umfassende Modernisierungsstrategie der Gesellschaft dar. Weiterhin wurde auch die thematisch breite Ausrichtung des Entwurfs begrüßt. Es gab aber auch kritische Anmerkungen des Rats für nachhaltige Entwicklung: Die deutsche Nachhaltigkeitspolitik sollte bereits in der ersten Version nationale und internationale Handlungsziele miteinander verknüpfen. Hierzu wurde angemerkt, dass es sich primär um eine nach innen gerichtete Nachhaltigkeitsstrategie handelt. Diese Kritik ist auch heute noch aktuell, wie in einem späteren Kapitel gezeigt wird. Daraus begründet sich die Forderung des Rats für nachhaltige Entwicklung eine *„UN-Weltkommission Globalisierung und Nachhaltigkeit"* einzurichten. Weiterhin sollten die Dialog-Angebote auf nationaler Ebene ausgebaut und gestärkt werden.

Welches Fazit würden Sie nach der Nachhaltigkeitsstrategie ziehen?

Neben einer weiteren Vielzahl kritischer Kommentare verschiedener Gruppen, Organisationen oder einzelner Personen, lässt sich doch feststellen, dass die deutsche Nachhaltigkeitsstrategie im internationalen Vergleich als Positivbeispiel gilt. (OECD 2006) Die Bewertung begründete sich besonders aus den 21 überwiegend überprüfbaren Zielen, die Institutionalisierung durch ein **„Green Cabinet"** und ein überwiegend funktionierendes Monitoringverfahren. Es bestand jedoch ein breiter Konsens, wonach die deutsche Nachhaltigkeitsstrategie in wichtigen Punkten noch ein beachtliches Potenzial der Verbesserung aufweist.

Was bringt uns die Agenda 2030 und die neue deutsche Nachhaltigkeitsstrategie?

Bei der dritten Folgekonferenz, die wieder in Rio de Janeiro 2012 stattfand, wurde von den Vereinten Nationen eine international zusammengesetzte Arbeitsgruppe einberufen, die den Auftrag hatte, universelle Entwicklungsziele aufzustellen. Es gab international ein großes Interesse in die Arbeitsgruppe berufen zu werden und in ihr mitzuwirken. Sie sollte die großen Herausforderungen des 21. Jahrhunderts an den Schnittstellen von menschlicher Wohlfahrt und dem Umwelt- und Ressourcenschutz aufzeigen.

Alle relevanten Themen wurden intensiv und teilweise auch kontrovers diskutiert (vgl. u. a. Overseas Deveolpment Institute 2017). Umstrittene Themen waren besonders die Geschlechtergerechtigkeit und die Verringerung der Ungleichheit zwischen und innerhalb von Staaten. Die Geschlechtergerechtigkeit wurde besonders von Saudi-Arabien, Russland und dem Heiligen Stuhl kritisch bewertet. Dagegen galt der Schutz der Ozeane als besonders innovativ. (Scholz 2017, S. 24)

Die folgenden Ausführungen wenden sich nun explizit der Neuauflage der deutschen Nachhaltigkeitsstrategie, die im Januar 2017 veröffentlicht wurde, zu. Der zentrale Bereich der Fortschreibung der deutschen Nachhaltigkeitsstrategie bildet ein Portfolio von 63 Unterzielen, den sogenannten Schlüsselindikatoren. Sie dienen primär dem Monitoring, womit der Grad der Erreichung der nachhaltigen Entwicklung aufgezeigt werden kann. Um den Stand der Umsetzung der deutschen Nachhaltigkeitsstrategie beurteilen zu können, konzentrieren sich die folgenden Ausführungen auf den Kern der einzelnen Ziele (für eine ausführliche Darstellung vgl. v. Hauff, Schulz Wagner 2018, S. 92 ff). Die Berechnung der Indikatoren und die Formulierung der Ziele ist ein komplexes Anliegen, das hier auf die Kernelemente verkürzt wird. Dies ermöglicht einen gut verständlichen Überblick (Bundesregierung 2016).

Literaturtipp:
Zu einer Würdigung der deutschen Nachhaltigkeitsstrategie eignet sich sehr gut der Beitrag von G. Bachmann „Die Deutsche Nachhaltigkeitsstrategie 2016 – Stand und Perspektiven". Der Beitrag ist aus dem Buch „Die Deutsche Nachhaltigkeitsstrategie – Wegweiser für eine Politik der Nachhaltigkeit", das von Gerd Michelsen herausgegeben wurde und bei der Hessischen Landeszentrale für politische Bildung erschienen ist. http://hlz.hessen.de

Wie werden die einzelnen Nachhaltigkeitsziele inhaltlich konkretisiert?

Die einzelnen Ziele werden zunächst deskriptiv dargestellt. Dabei wird nur der Kernpunkt jedes SDG kurz vorgestellt. Darauf aufbauend werden einige ausgewählte Ziele kritisch beleuchtet und aufgezeigt, wie sie weiterentwickelt werden könnten bzw. sollten.

- **SDG 1: Armut in all ihren Formen und überall beenden**
  Zur Beendigung von Armut in jedweder Form geht es der Bundesregierung um die materielle Deprivation. Dabei stehen das Fehlen bestimmter Gebrauchsgüter sowie der Verzicht auf einen bestimmten →Konsum aus Gründen finanzieller Beschränkungen im Mittelpunkt. Das Ziel ist, den Anteil materiell bzw. erheblich materiell deprivierter Personen unter dem Niveau der EU zu halten.

- **SDG 2: Den Hunger beenden, Ernährungssicherheit und eine bessere Ernährung erreichen und eine nachhaltige Landwirtschaft fördern**
  Hierzu gibt es zwei relevante Indikatoren: zunächst wird der Stickstoffüberschuss genannt (gemessen durch Stickstoffzufuhr abzüglich der Stickstoffabfuhr in Kilogramm je Hektar) und als zweiter Indikator wird der ökologische Landbau genannt. Der Anteil der ökologisch bewirtschafteten Fläche soll zukünftig 20 Prozent betragen.

- **SDG 3: Ein gesundes Leben für alle Menschen jeden Alters gewährleisten und ihr Wohlergehen fördern**
  Zwei wichtige Indikatoren sind die vorzeitige Sterblichkeit und die Raucherquote. Bei dem ersten Indikator geht es um die Todesfälle der unter 70-jährigen bezogen auf 100.000 Einwohner. Bei der Raucherquote wird zwischen jener von Jugendlichen (12 bis 17-Jährigen) und jener der Erwachsenen unterschieden. Die Ziele hierbei sind die vorzeitige Sterblichkeit bis 2030 auf 100 Todesfälle pro 100.000 Einwohner bei Frauen und 190 Todesfälle pro 100.000 Einwohner bei Männern zu senken. Die Raucherquote soll bei Jugendlichen bis 2030 auf 7 Prozent und bei Erwachsenen auf 19 Prozent gesenkt werden. Weiterhin sollen die Luftschadstoffe langfristig stark vermindert werden.

- **SDG 4: Inklusive, gleichberechtigt und hochwertige Bildung gewährleisten und Möglichkeiten des lebenslangen Lernens für alle fördern**

Wichtige Indikatoren sind die 18- bis 24-jährigen Personen, die weder eine Schule noch eine Hochschule besuchen. Weiterhin geht es um die Möglichkeit einer Ganztagsbetreuung für Kinder. Der Anteil früherer Schulabgänger soll bis 2020 im Verhältnis zur gesamten Altersgruppe auf unter 10 Prozent gesenkt werden. Der Anteil der Ganztagsbetreuung soll bis 2030 bei den 0- bis 2-jährigen Kindern 60 Prozent und bei den 3- bis 5-jährigen Kindern 70 Prozent erreichen.

- **SDG 5: Geschlechtergleichstellung erreichen und alle Frauen und Mädchen zur Selbstbestimmung befähigen**
  Der Grad Geschlechtergerechtigkeit wird zuerst durch den Verdienstabstand zwischen Frauen und Männern bestimmt. Der Verdienstabstand zwischen den Geschlechtern soll bis 2030 auf 10 Prozent verringert werden. Ein weiterer Indikator für die Gleichberechtigung ist die Zahl der Frauen in Führungspositionen der Wirtschaft. Dabei geht es um den Anteil weiblicher Führungskräfte in Aufsichtsräten börsennotierter Unternehmen. Ein Indikator bezieht sich auf die berufliche Qualifizierung von Frauen und Mädchen in Entwicklungsländern durch deutsche entwicklungspolitische Zusammenarbeit. Konkret gibt der Indikator an, wie viele Mädchen und Frauen im Rahmen der Entwicklungszusammenarbeit in Entwicklungs- sowie Schwellenländern qualifiziert wurden.

- **SDG 6: Verfügbarkeit und nachhaltige Bewirtschaftung von Wasser und Sanitärversorgung für alle gewährleisten**
  Ein wichtiger Indikator für die nachhaltige Wasserbewirtschaftung ist der Phosphor-Eintrag in Fließgewässern. Ein weiterer Indikator bezieht sich auf den Grenzwert von 50mg/l Nitrat im Grundwasser der nicht überschritten werden soll. Auch bei diesem Ziel gibt es einen Bezug zur deutschen Entwicklungszusammenarbeit: jedes Jahr sollen durch deutsche Unterstützung mindestens 10 Millionen Menschen Zugang zu Trinkwasser- und Sanitärversorgung erhalten.

- **SDG 7: Zugang zu bezahlbarer, verlässlicher, nachhaltiger und moderner Energie für alle sichern**
  Der erste Indikator zur Energieversorgung bezieht sich einerseits auf die Energieproduktivität und andererseits auf den Primärenergieverbrauch. Der zweite Indikator bezieht sich auf den Anteil erneuerbaren Energien am Brutto-Endenergieverbrauch und dem Anteil des Stroms aus erneuerbaren Energiequellen. Der Anteil regenerativer Energien am Brutto-Endenergieverbrauch soll 30 Prozent bis 2030 und 60 Prozent bis 2050 betragen.

– **SDG 8: Dauerhaftes, breitenwirksames und nachhaltiges Wirtschaftswachstum, produktive Vollbeschäftigung und menschenwürdige Arbeit für alle fördern**
Hierbei handelt es sich um das umfassende und komplexe ökonomische Ziel. Zunächst wird der Indikator „Gesamtrohstoffproduktivität"
genannt. Dabei geht es um die für die Produktion von Konsumgütern, Investitionen und den Export benötigten Rohstoffe. Ein weiterer Indikator
dieses Ziels ist das Staatsdefizit. Es ergibt sich aus den Staatseinnahmen
abzüglich der Staatsausgaben. Kommt es zu einem positiven Saldo so
handelt es sich um einen Staatsüberschuss. Darauf aufbauend wird der
Schuldenstand in Relation zum Bruttoinlandsprodukt betrachtet. Wei-
terführend wurde auch die Investitionsquote in das Ziel einbezogen, die
das Verhältnis der Bruttoanlageinvestitionen zum Bruttoinlandsprodukt
aufzeigen.
Der →Indikator für ein nachhaltiges →Wirtschaftswachstum ist das
Bruttoinlandsprodukt je Einwohner. Um diesen Wert zu errechnen werden
alle in Deutschland erwirtschafteten Produkte und Dienstleistungen durch
die Anzahl der Menschen, die ihren dauerhaften Wohnsitz in Deutschland
haben, dividiert. Wie schon in einem früheren Teil kurz erläutert, ist das
Bruttoinlandsprodukt kein Nachhaltigkeitsindikator. Daher wird dieser
Wachstumsindikator den Anforderungen nachhaltiger Entwicklung nicht
gerecht, da er weder Verteilungsaspekte noch Umwelteffekte berücksichtigt.
Die Erwerbstätigenquote als weiterer Indikator des Zieles ergibt sich
aus der Anzahl der Erwerbstätigen zwischen 20 und 64 Jahren im Vergleich zur Gesamtbevölkerung in den entsprechenden Altersgruppen.
Schließlich werden im Rahmen der Entwicklungszusammenarbeit die
Mitglieder des Textilbündnisses berücksichtigt. Sie geben die sozialen
und ökologischen Standards entlang der gesamten Lieferkette an, die
besonders in Entwicklungsländern zu berücksichtigen sind. Einige der
Zielvorgaben sind: das jährliche Staatsdefizit soll nicht mehr als 3 Prozent des Bruttoinlandsproduktes betragen, und die Schuldenlastquote
soll 60 Prozent nicht überschreiten.
Ein typisches **Beispiel** für eine vage Zielvorgabe ist die Entwicklung der
Bruttoanlageinvestitionen indem sich deren Anteil am Bruttoinlandsprodukt angemessen weiterentwickeln soll. Dabei wird kein konkreter
Wert vorgegeben. Das gilt auch für ein „stetiges und angemessenes
Wachstum" des Bruttoinlandsproduktes pro Einwohner. Dagegen soll

die Erwerbstätigenquote der Bevölkerung im erwerbsfähigen Alter bis 2030 auf 78 Prozent erhöht werden. Schließlich wird noch eine signifikante Erhöhung der Mitgliederzahl des Textilbündnisses angestrebt.

– **SDG 9: Eine widerstandsfähige Infrastruktur aufbauen, breitenwirksame und nachhaltige Industrialisierung fördern und Innovationen unterstützen**
Der einzige Indikator dieses Bereiches sind die Ausgaben für Forschung und Entwicklung, die vom Staat, der Wirtschaft und den Hochschulen getätigt werden. Der Anteil an Ausgaben für Forschung und Entwicklung sollen jährlich mindestens 3 Prozent des Bruttoinlandsproduktes betragen.

– **SDG 10: Ungleichheit in und zwischen Staaten verringern**
Die Ungleichheit soll anhand von Integrationserfolgen gemessen werden. Dabei geht es um die Quote ausländischer Schulabsolventen gemessen an der Gesamtzahl ausländischer Schulabgänger, und mit der Quote deutscher Schüler verglichen werden. Dabei geht es um Schulabschlüsse, die mindestens einem Hauptschulabschluss entsprechen. Die Verteilungsgerechtigkeit wird weiterhin durch den Gini- Koeffizienten gemessen. Dieser Koeffizient liegt zwischen 0 und 1 wobei der Wert 0 eine absolute Gleichverteilung von Einkommen widerspiegelt. Je größer der Wert wird umso stärker ist die Ungleichverteilung. Das Ziel ist, dass der Gini-Koeffizient unter dem EU-Durchschnitt liegt.

– **SDG 11: Städte und Siedlungen inklusiv, sicher, widerstandsfähig und nachhaltig gestalten**
Bei diesem Ziel geht es um die Flächeninanspruchnahme. Der Anstieg der Siedlungs- und Verkehrsfläche dient als Nachhaltigkeitsindikator. Ein weiterer Indikator ist der Endenergieverbrauch des Personen- und Güterverkehrs für nachhaltige Stadtentwicklung. Abschließend wird der Indikator für Wohnkosten aufgeführt. Hier wird der Anteil der Personen angegeben die im Schnitt mehr als 40 Prozent ihres verfügbaren Einkommens für Wohnkosten aufwenden. Für eine nachhaltige Stadtplanung soll der tägliche Anstieg der zu Siedlungs- und Verkehrszwecke benötigten Fläche bis 2030 auf unter 30 Hektar beschränkt werden.

– **SDG 12: Nachhaltige Konsum- und Produktionsmuster sicherstellen**
Nachhaltiger, d.h. umwelt- und sozialverträglicher →Konsum wird durch den Anteil an Produktion mit staatlichem Umweltzeichen gemessen. Weiterhin wird die Nutzung von Energie durch Konsumaktivitäten

privater Haushalte analysiert. Dabei werden der Energieverbrauch und die damit verbundenen CO_2-Emissionen aufgeführt. Im Bereich der Produktion wird die Anzahl der in Deutschland vorhandenen Produktionsstandorte mit einem Umweltmanagement für nachhaltige Produktion ausgewiesen: als Ziele für nachhaltige Konsum- und Produktionsmuster wird ein Marktanteil von 34 Prozent für Produkte mit staatlichen Umweltzeichen angestrebt. Bis 2030 sollen mindestens 5.000 Organisationsstandorte mit dem Umweltmanagementsystem EMAS (Eco-Management and Audit-Scheme) registriert sein.

– **SDG 13: Umgehend Maßnahmen zur Bekämpfung des Klimawandels und dessen Auswirkungen ergreifen**
   Der zentrale Indikator in diesem Bereich sind die Emissionen an Treibhausgasen. Besonders hervorzuheben sind Kohlendioxid (CO_2) und Methan (CH_4). Die Bundesregierung berichtet in diesem Zusammenhang auch über den deutschen Beitrag zur internationalen Klimafinanzierung. Dazu zählen alle Maßnahmen, die der Reduktion von Treibhausgasen, der Anpassung an den Klimawandel und den Erhalt der →Biodiversität dienen. Sie werden aus deutschen Haushaltsmitteln finanziert. Ziel ist es, die Treibhausgasemissionen Deutschlands im Vergleich zu 1990 um 40 Prozent und bis 2030 um 55 Prozent *zu* reduzieren. Bis 2040 sollen sie um 70 Prozent und bis 2050 um 80 bis 95 Prozent reduziert werden.

– **SDG 14: Ozeane, Meere und Meeresressourcen im Sinne einer nachhaltigen Entwicklung erhalten und nachhaltig nutzen**
   Die Wirkung von Maßnahmen zum Meeresschutz wird durch den Indikator Gesamtstickstoffeintrag in Nord- und Ostsee bewertet. Weiterhin wird der Anteil nachhaltig befischter Bestände an der Gesamtzahl an Fischbeständen in Nord- und Ostsee betrachtet. Als Ziel für die Stickstoffeinträge in Nord- und Ostsee sollen die in die Nordsee mündenden Flüsse 2,8 mg Stickstoff pro Liter nicht übersteigen. Bei der Ostsee wurde ein Wert von 2,6 mg Stickstoff pro Liter angestrebt. Die Überfischung soll dadurch vermieden werden, dass bis 2020 versucht wird, alle wirtschaftlich verwendeten Fischbestände entsprechend des nachhaltigen „Maximum Sustainable Yield Standard (MSY- Standard)" zu bewirtschaften.

– **SDG 15: Landökosysteme schützen, wiederherstellen und ihre nachhaltige Nutzung fördern, Wälder nachhaltig bewirtschaften, Wüstenbildung bekämpfen, Bodendegradation beenden und umkehren und dem Verlust der biologischen Vielfalt ein Ende setzen**

Der Indikator für Landökosysteme wird durch die Artenvielfalt konkretisiert, die an den Beständen von 51 ausgewählten Vogelarten gemessen wird. Als weiterer Indikator wird die Eutrophierung von Ökosystemen genannt. Sie begründet sich durch eine zu hohe Belastung mit atmosphärischen Stickstoffeinträgen. Der internationale Kontext ergibt sich daraus, dass Deutschland bestrebt ist Länder finanziell zu unterstützen, um den Erhalt und Wiederaufbau von Wäldern zu gewährleisten. Die Artenvielfalt soll langfristig dadurch konserviert werden, dass innerhalb des als Indikator gewählten Index ein Richtwert von 100 bis 2030 angestrebt wird. Der Zielwert wurde bereits für 2015 angestrebt. Er konnte jedoch bei weitem nicht erreicht werden und soll daher 2020 nochmals überprüft und eventuell angepasst werden.

- **SDG 16: Friedliche und inklusive Gesellschaften für eine nachhaltige Entwicklung fördern, allen Menschen Zugang zur Justiz ermöglichen und leistungsfähige, rechenschaftspflichtige und inklusive Institutionen auf allen Ebenen aufbauen**
Hier wird zunächst, die Anzahl der Straftaten pro 100.000 Einwohner gemessen. Damit erhält man Auskunft über die Kriminalität in Deutschland. Im Rahmen der internationalen Zusammenarbeit wird die Anzahl der in Afrika, Osteuropa, Mittelamerika und Asien durchgeführten Projekte mit deutscher Beteiligung genannt die der Sicherung, Registrierung und Vernichtung von Kleinwaffen dienen. Schließlich wurde noch ein Indikator zur Quantifizierung von Korruption eingeführt, der *„Corruption Perception Index (CPI)“*. Der CPI soll bis 2030 in Deutschland verbessert werden. Eine Verbesserung soll auch in jenen Entwicklungsländern eintreten, die im Rahmen der deutschen Entwicklungszusammenarbeit gefördert werden.

- **SDG 17: Maßnahmen zur Umsetzung stärken und die globale Partnerschaft für nachhaltige Entwicklung mit neuem Leben füllen**
Das Indikatorenset dieses Ziels ist in drei Teile gegliedert. Zunächst geht es um den Anteil der öffentlichen Ausgaben für Entwicklungszusammenarbeit gemessen am Bruttonationaleinkommen. In einem zweiten Schritt wird die Zahl von Studierenden sowie Forscherinnen und Forschern aus Entwicklungsländern berücksichtigt. Schließlich wird noch die Menge an Importen aus den am wenigsten entwickelten Ländern im Verhältnis zu allen Importen nach Deutschland betrachtet. Das Ziel für den Anteil öffentlicher Entwicklungsausgaben bis 2030 ist 7 Prozent des Bruttonationaleinkommens zu erreichen. Hierbei handelt es sich um ein Ziel, das seit vielen Jahren angestrebt wurde. Die Zahl an Studierenden

und Forschenden aus Entwicklungsländern und Schwellenländern soll innerhalb des Zeitraums von 2015 bis 2020 um 10 Prozent erhöht werden. Und schließlich soll der Anteil an Importen aus den am wenigsten entwickelten Ländern der Welt, verglichen mit 2014 bis 2030, verdoppelt werden.

Die 17 SDGs wurden in der nationalen Nachhaltigkeitsstrategie noch durch bisherige und geplante Maßnahmen, die zu ihrer Umsetzung beitragen sollen, konkretisiert. (Vgl. hierzu v. Hauff, Schulz, Wagner 2018, S. 108 ff) Somit kann festgestellt werden, dass sich die deutsche Nachhaltigkeitsstrategie durch eine differenzierte und **übersichtliche Struktur** auszeichnet.

Linktipp:
Auf www.ressourcenwende.net werden verschiedene Themen der Ressourcenpolitik besprochen. Auf der Seite vom Bund für Umwelt und Naturschutz Deutschland (BUND), vom Deutschen Naturschutzring e. V. (DNR) und vom Institut für ökologische Wirtschaftsforschung (IÖW) soll es nicht über Versorgungssicherheit und Effizienz gehen, sondern um eine dauerhafte, weltweite Lebens- und Wirtschaftsweise.

Was wurde bei der Umsetzung der Ziele bisher erreicht und wo gibt es noch Potenzial der Verbesserung?

Die neue Nachhaltigkeitsstrategie zeichnet sich im Verhältnis zu jener von 2002 durch einen deutlich umfangreicheren Katalog von Indikatoren aus. Die ursprüngliche Strategie hatte 21 →Indikatoren. Die Neuauflage hat dagegen die – wie ausführlich dargestellt – 17 umfassenden SDGs mit 63 →Indikatoren. Damit kommt es zu wesentlichen Erweiterungen, womit eine umfangreichere und vertiefte nachhaltigkeitsorientierte Politik realisiert werden soll.

Jedes Ministerium soll für die Umsetzung der Nachhaltigkeitsstrategie einen zuständigen Koordinator benennen. Weiterhin wurde ein interministerieller Ausschuss, d. h. ein jährliches Dialogforum mit Vertretern aus Gesellschaft und eine Wissensplattform eingerichtet. Dadurch soll die Umsetzung der Agenda 2030 und der Nachhaltigkeitsstrategie wissenschaftlich begleitet werden. Ein wesentliches Anliegen dabei war die Verbindlichkeit der Strategie und die Politikkohärenz zu stärken. Weiterhin sollte der Wissensaustausch aller →Stakeholder im Sinne des Multi-Stakeholder-Approach gestärkt werden (Scholz 2017, S. 35).

Linktipp:
Das Dokument zur nationalen Nachhaltigkeitsstrategie der Bundesregierung gibt hierzu einen guten Überblick.
www.bundesregierung.de/Content/Infomaterial/BPA/Bestellservice

Welche Verbesserungsmöglichkeiten können genannt werden?

Um es auf einen Nenner zu bringen kann festgestellt werden: Es soll ein möglichst hoher Grad an Partizipation (Mitwirkung aller gesellschaftlichen Gruppen) und einer in sich schlüssigen Politikgestaltung angestrebt werden. Auf internationaler Ebene wurde eine Angleichung der nationalen Strategien durch die globale Verbindlichkeit der Sustainable Development Goals angestrebt, sodass eine bessere Vergleichbarkeit möglich wird (Stoltenberg, Fischer 2017, S. 133).

In der Literatur werden aber auch einige Kritikpunkte und Unzulänglichkeiten genannt bzw. diskutiert. Die Kritikpunkte beziehen sich zunächst auf einzelne Ziele, während danach einige Unzulänglichkeiten der gesamten Strategie aufgezeigt werden. Das lässt sich hier jedoch nur exemplarisch ausführen. (Eine ausführliche Analyse der Kritikpunkte vgl. Michelsen 2017, Martens, Obenland 2016) Dabei bezieht sich die Kritik auf die Frage, wie die Potenziale, die in den Zielen angelegt sind, noch besser genutzt bzw. ausgeschöpft werden können. Dabei sollte jedoch beachtet werden, dass die maximale Ausschöpfung der Ziele ein Idealzustand ist, der nicht erreicht, jedoch zumindest angestrebt werden sollte.

Das SDG1 zielt darauf ab, „Armut überall und in jeder Form überall beenden". Bei der Messung von Armut werden jedoch nur materielle und erheblich materielle Deprivation bzw. Armut berücksichtigt. Damit wird nur eine Art der Armut näher betrachtet. Aber auch die Unterscheidung zwischen alten und neuen Bundesländern oder auch zwischen den verschiedenen Regionen Deutschlands bleibt unberücksichtigt. So betrug die Armutsquote in den alten Bundesländern etwa 14 Prozent während sie in den neuen Bundesländern 23,2 Prozent betrug. (Statistisches Bundesamt 2017) Kritisch anzumerken ist auch, dass das Ziel, wonach die Armut unter dem Niveau der EU liegen solle, bereits lange vor der Ausarbeitung und Veröffentlichung der Strategie erreicht wurde. Für einen Vergleich wäre es auch angemessen, die Wirtschaftskraft Deutschlands mit anderen EU oder OECD Ländern zu vergleichen (Bundesregierung 2016, S. 57).

In SDG 3 wird gefordert:

„Ein gesundes Leben für alle Menschen jeden Alters gewährleisten und ihr Wohlergehen fördern".

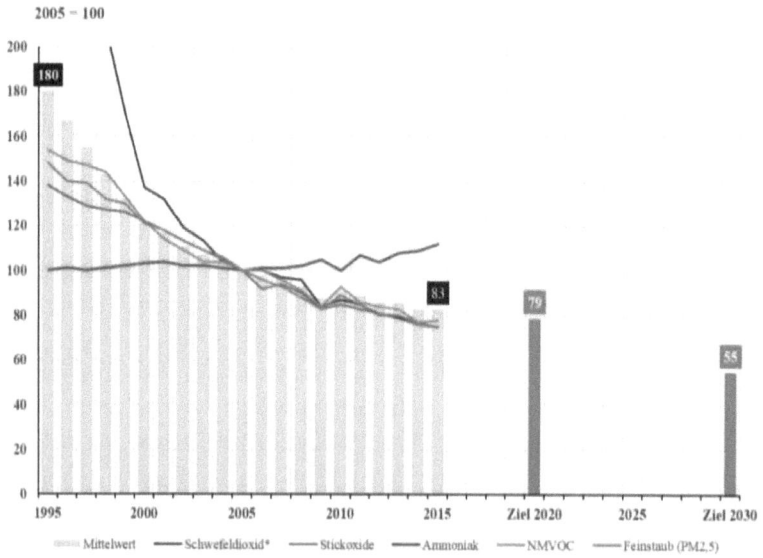

12 | Die prozentuale Entwicklung verschiedener Luftschadstoff-Emissionen in Deutschland von 1995 bis 2015
Quelle: Eigene Darstellung in Anlehnung an UBA, 2017

Betrachtet man sich hierbei den Indikator Emissionen von Luftschadstoffen, so werden die fünf gängigen Luftschadstoffe herangezogen. Dieser Indikator könnte jedoch durch weitere schädliche Emissionen erweitert werden: Ozon, Methan, Benzol oder Kohlenmonoxid. (UBA 2017) Schließlich kann noch das Ziel der Reduktion der Schadstoffe von 2005 bis 2030 um 45 Prozent kritisch hinterfragt werden. So kann beispielsweise der Anstieg von Ammoniak durch die Reduktion anderer Schadstoffe kompensiert werden wie aus der folgenden Abbildung hervor geht. Diese Kompensation ist aus der Perspektive der Beeinträchtigung bzw. Förderung der Gesundheit nicht schlüssig.

Gibt es bestimmte Ziele, über die häufiger diskutiert wird als über andere?

Ein oft sehr emotional diskutiertes Ziel ist SDG 5: „Geschlechtergerechtigkeit und Selbstbestimmung für alle Frauen und Mädchen erreichen". Dabei geht es – wie schon erwähnt – besonders um den Verdienstabstand zwischen Männern und Frauen. Das Ziel ist dabei den Verdienstabstand auf 10 Prozent etwa zu halbieren. Dabei ist jedoch die Entwicklung in dem Zeitraum zwischen 1995 und 2015, so lag der Abstand konstant bei 21 Prozent, obwohl die Forderung der Angleichung seit vielen Jahren erhoben wird. (Bundesregierung 2016, S. 99) Daher ist auch bis 2030 keine Zielerreichung zu erwarten, solange keine gesetzliche Regelung erfolgt.

Der zweite Indikator bezieht sich auf die Anzahl von Frauen in Führungspositionen in der Wirtschaft. Der Indikator „Frauenquote in Führungspositionen" bezieht sich jedoch nur auf Frauen in Aufsichtsräten und nicht in Geschäftsführungspositionen oder Vorstandspositionen. Daher fehlt hier die Begründung und es wäre zu empfehlen, diese Abgrenzung zu erweitern.

Ist nicht auch die Frage des Zugangs zu Wasser äußerst wichtig?

Das SDG 6 „Verfügbarkeit und nachhaltige Bewirtschaftung von Wasser und Sanitärversorgung für alle gewährleisten" bezieht sich primär auf die Wasserqualität. Dieses Ziel verlangt eine etwas ausführlichere Analyse. Der Indikator zeigt den Anteil des Phosphat-Eintrags in Fließgewässer und den Nitrat Anteil um Grundwasser auf. Hier stellt sich die Frage, warum nicht weitere Indikatoren gefordert werden.

Bisher wird die Wasserverfügbarkeit weitgehend vernachlässigt. (Wilderer 2017, 297 ff) Dabei ist sie nicht nur für viele afrikanische und auch asiatische Entwicklungsländer ein wachsendes Problem. Das World Ressource Institute (WRI) hat untersucht, wie sich die Situation der **Wasserressourcen** in 189 Staaten darstellt und dazu Daten aus den Jahren von 1960 bis 2014 ausgewertet (Holfste et al., 2019). Die Situation wird aus der folgenden Abbildung deutlich. Dabei zeigt die Abbildung die Dramatik der Wasserknappheit in einzelnen Regionen einiger Entwicklungsländer nicht auf. So ist beispielsweise von Indien bekannt, dass die Wasserknappheit in einigen Regionen dazu führte, dass viele Kleinfarmer für sich und ihre Familien keine Überlebenschance mehr sahen und sich das Leben nahmen (v. Hauff, Mistri 2016).

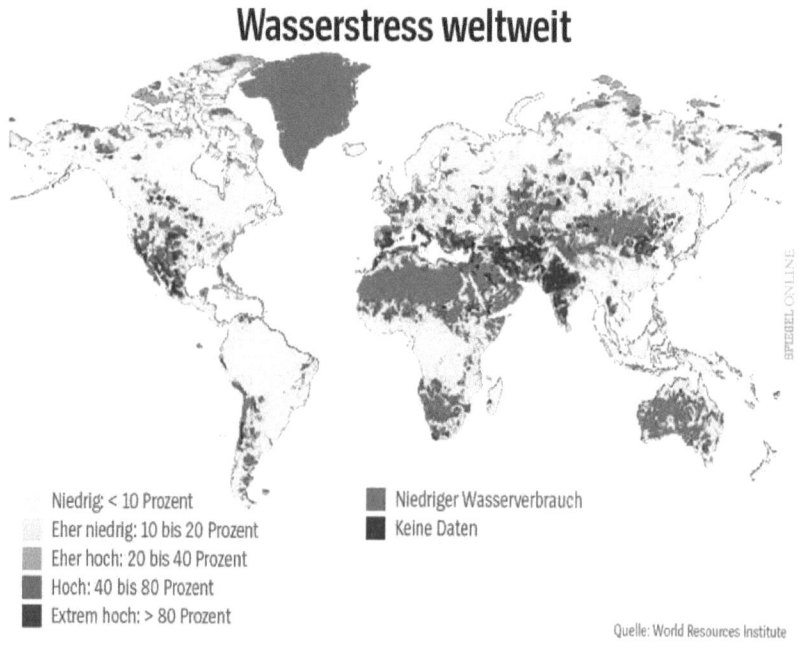

13 | Wasserstress weltweit

Diese Situation ist auch aus bestimmten Regionen anderer Länder bekannt. Durch die heißen Sommer der letzten Jahre kam es jedoch auch in einigen Regionen Deutschlands zu ersten Anzeichen von **Wasserknappheit**. Viele Landwirte mussten in zunehmendem Maße in den Sommerwochen ihre Felder wässern, was häufig über das Grundwasser erfolgte. Daher rechnen Experten des Helmholtz-Zentrums für Umweltforschung damit, dass Konflikte um das Trinkwasser künftig zunehmen.

Nach dem WRI liegt Deutschland, gemessen an dem Indikator Wasserstress, bei dem internationalen Ranking in der mittelern Kategorie auf Platz 62.

Wie wird Wasserstress gemessen?

Wasserstress wird daran gemessen, wieviel Wasser genutzt wird und wieviel nachkommt. Danach werden in Deutschland 20 bis 40 Prozent der Wasserreserven genutzt. Es gibt jedoch auch Regionen, in denen der Wasserstress hoch ist. Das gilt für einen breiten Streifen, der sich vom Norden über Bremen, Hannover, Leipzig und Stuttgart nach Süden bis nach Bayern zieht. Die folgende Abbildung zeigt die regionalen Unterschiede der Dürre des Gesamtbodens.

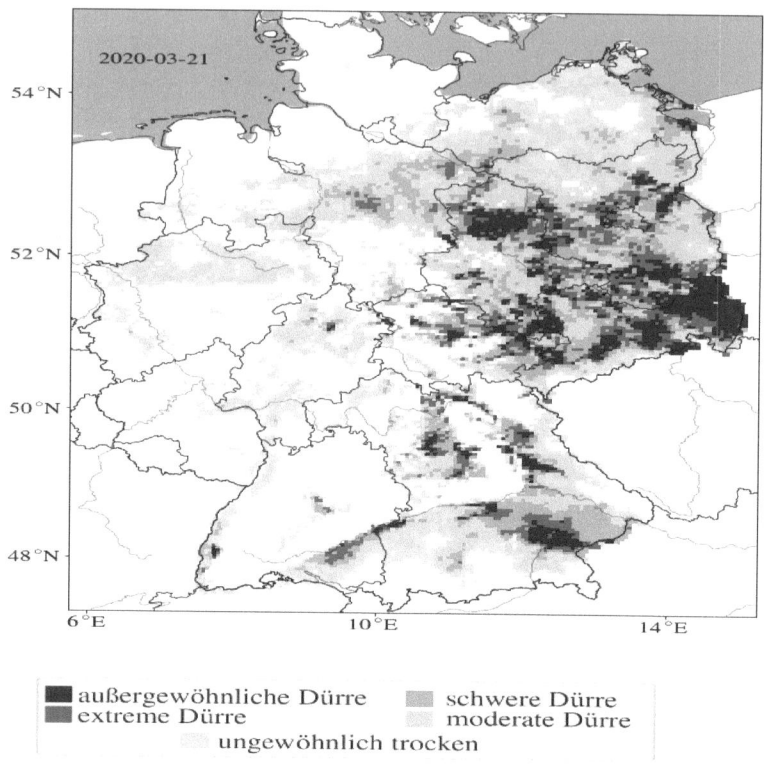

14 | Dürrezustand des Gesamtbodens in Deutschland
Quelle: Helmholtz Zentrum für Umweltforschung: Dürremonitor Deutschland 2018

Das hat in den betroffenen Regionen negative Konsequenzen für die Landwirtschaft aber auch für die Forstwirtschaft und teilweise auch für den Weinbau.

Wie sehr wird die Frage von Recht und Gerechtigkeit behandelt?

Bei SDG 16

„Friedliche und inclusive Gesellschaften für eine nachhaltige Entwicklung fördern, allen Menschen Zugang zur Justiz ermöglichen und leistungsfähige, rechenschaftspflichtige und inklusive Institutionen auf allen Ebenen aufbauen"

werden zunächst Straftaten als Indikator zugrunde gelegt. Dabei werden jedoch nur ausgewählte Delikte berücksichtigt. Auffällig ist, dass Wirtschaftsverbrechen außer Acht gelassen werden was erklärungsbedürftig ist.

Eine weitere Besonderheit ist, dass mithilfe eines Indikators das Engagement zur Zerstörung von Kleinwaffen beschrieben wird. Großwaffen bleiben jedoch unberücksichtigt. Bei der Vielzahl militärischer Konflikte, stellt sich die Frage, wie das mit dem Ziel *„Friedliche und inklusive Gesellschaften"* kompatibel ist. In diesem Zusammenhang ist der viel diskutierte Waffenexport Deutschlands teilweise auch in Krisenregionen relevant. Deutschland rangiert unter den Exportnationen von Waffen auf Rang 4. Die wichtigsten Abnehmer sind die Türkei vor Kuwait, zwei nicht besonders friedliebende Nationen.

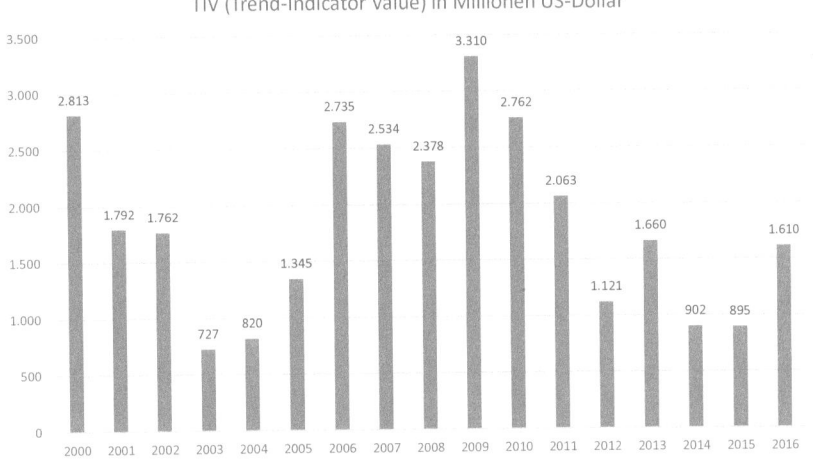

15 | Wert der Rüstungsexporte aus Deutschland von 2000 bis 2016 gemessen anhand des TIV (Trend Indicator Value) in Millionen US-Dollar
Quelle: Eigene Darstellung in Anlehnung an Statistisches Bundesamt, 2017

Definition des TIV: „Multipliziert man die Anzahl der exportierten einzelnen Rüstungsgüter (z. B. Militärflugzeuge) mit den jeweiligen Preisen in Millionen US-Dolllar, die diese im Referenzjahr 1990 gekostet haben, so erhält man den so genannten TIV-Index-Wert des entsprechenden Exportlandes."

Hier entsteht der Eindruck, dass durch die Zerstörung von Kleinwaffen ein positives Bild erzeugt werden soll und damit von den beachtlichen Rüstungsexporten Deutschlands abgelenkt wird. Dieser Eindruck verstärkt sich noch durch die lakonische Formulierung der Zielsetzungen, die keine konkreten Werte beinhalteten. (v. Hauff, Schulz, Wagner 2018, S. 146) Dabei sind die Rüstungsexporte in den vergangenen Jahren deutlich angestiegen.

Gibt es einen Vorteil, wenn ein (volks-)wirtschaftlicher Indikator herangezogen wird?

Das letzte SDG (Nr. 17) „Maßnahmen zur Umsetzung *stärken und die Globale Partnerschaft für nachhaltige Entwicklung mit neuem Leben füllen"* wird durch den Indikator „Anteil öffentlicher Entwicklungsausgaben am Bruttonationaleinkommen" abgebildet. Hier kam es zu einer Verschiebung der bisherigen Zielsetzung von 2015 auf das Jahr 2030. Wie schon erwähnt, wird die Zielvorgabe von 0,7 Prozent schon seit vielen Jahren angestrebt.

Nachdem Deutschland im Jahr 2016 mehr finanzielle Mittel für die Entwicklungszusammenarbeit bereitstellte, konnte die Bundesrepublik Deutschland zum 1. Mal seit 1970 das von der UN vereinbarte Ziel erreichen. Im Vergleich zum Vorjahr stieg der Etat um 36 Prozent, wobei fast die Hälfte für die Flüchtlingshilfe in Deutschland bereitgestellt wurde. Dieses Vorgehen ist üblich, wobei die Regelung umstritten ist. Eine kritische Betrachtung ist – wie schon erwähnt – auch im Hinblick auf die Unterscheidung zwischen innen gerichteter Politik und der Entwicklungspolitik als außen gerichteter Politik angebracht. Diese Unterscheidung soll durch den letzten Indikatorbereich der nationalen Nachhaltigkeitsstrategie abgemildert werden: Er zielt auf die **Öffnung von Märkten** ab, um so Handelschancen von Entwicklungsländern zu verbessern. Dabei sind die Rahmenbedingungen für die Wirtschaftsbeziehungen von besonderer Bedeutung. Entwicklungsländer brauchen unter anderem einen ungehinderten Zugang zu den Märkten der

Industrieländer, um eigene Produkte absetzen zu können. Daher strebt die deutsche Bundesregierung ein offenes, faires, nicht-diskriminierendes, berechenbares und multilaterales Handels- und Finanzsystem an. Gleichzeitig werden jedoch unter deutscher Beteiligung Freihandelszonen mit anderen Industrieländern angestrebt, bei denen Entwicklungsländer ausgeschlossen werden.

Betrachtet man jedoch die Entwicklung des Handels, so ist festzustellen, dass die deutschen Einfuhren aus Entwicklungsländern im Laufe der Jahre gewachsen sind und auch weiterhin wachsen. Dabei ist jedoch in verschiedene Gruppen von Entwicklungsländern zu unterscheiden. So ist festzustellen, dass auch heute noch die Trennung zwischen der innen gerichteten Handelspolitik, die auf eine Verbesserung der eigenen Wirtschaft Deutschlands abzielt und der außen gerichteten Politik, d. h. der Entwicklungszusammenarbeit, die teilweise auch der deutschen Wirtschaft dient, besteht. Das entspricht nicht der in SDG 17 geforderten Kohärenz einer nachhaltigen Handelspolitik.

Welches Fazit ziehen Sie aus den unterschiedlichen Indikatoren?

Die Neuauflage der deutschen nationalen Nachhaltigkeitsstrategie enthält viele positive Ansätze bzw. Verbesserungen. An einigen Stellen mangelt es jedoch noch an einer weiteren Konkretisierung und an befriedigenden Plänen zur Umsetzung und einem klaren Bezug zum Paradigma nachhaltiger Entwicklung. Teilweise wurden Ziele, die schon früher vorgegeben jedoch verfehlt wurden, erneut angestrebt. Dabei besteht die Gefahr, dass die Verantwortung für unbewältigte Probleme kommenden Generationen übertragen wird.

Scholz stellt weiterhin fest, dass die Ausformulierung einiger SDGs in der deutschen nationalen Nachhaltigkeitsstrategie Inkonsistenzen und Leerstellen aufweisen, wodurch die Grenzen des politischen Kompromisses aufgezeigt werden (Scholz 2017, S. 36). In die Gestaltung der nationalen Nachhaltigkeitsstrategie fließen unterschiedliche Interessen von Regierenden und gesellschaftlichen Gruppen ein, weshalb es nicht zu einer wirklich konsistenten Strategie kommen kann, sondern nur eine Second-best-Lösung zu erwarten ist. Daher ist es wichtig Inkonsistenzen aufzuspüren, aufzuzeigen und ihre Beseitigung einzufordern.

Es gibt aber auch Defizite, wie zum Beispiel die Vernachlässigung des Finanzsektors. „Nachhaltige Finanzwirtschaft, Green Finance, muss einen wesentlichen Beitrag zur Transformation hin zu einer nachhaltigen Gesellschaft leisten." (Bachmann 2017, S. 48)

Zur nachhaltigen Gestaltung der internationalen **Finanzstruktur** gibt es bereits sehr fundierte Ansätze (Nguyen 2013, S. 351 ff).

Daher stellt der Rat für Nachhaltige Entwicklung, das zentrale Beratungsorgan der Bundesregierung zur nationalen Nachhaltigkeitsstrategie kritisch fest, dass die Neuauflage zum Teil lediglich moderate Veränderungen im Vergleich zur Strategie von 2002 aufweist. Hinzu kommt, dass die Strategie oft den einfachen Weg des geringsten Widerstandes geht (Rat für Nachhaltige Entwicklung 2016, S. 1). Daraus erklärt sich die Forderung des Rats für Nachhaltige Entwicklung: Mehr Mut für den notwendigen nachhaltigen Transformationsprozess.

Was wurde in Deutschland hinsichtlich der Nachhaltigkeitsstrategie bisher erreicht und wo gibt es noch Handlungsbedarf?

Analysiert man die bisherige Realisierung der Ziele, so geben hierzu die Indikatoren Auskunft. Die Indikatoren werden in einem Zeitabstand von zwei Jahren im Hinblick auf den Grad der Realisierung überprüft. Für die Evaluierung wurden vier Kategorien mit entsprechenden Symbolen festgelegt. Zu den vier Kategorien werden in den folgenden Ausführungen exemplarisch einige Beispiele hinsichtlich der Realisierung von Zielen im Nachhaltigkeitsbericht genannt:

 Ziel wird (nahezu) erreicht

 Entwicklung geht in die richtige Richtung, aber Zielverfehlung zwischen 5 und 20 Prozent bleiben

 Entwicklung geht in die richtige Richtung, aber Lücke von mehr als 20 Prozent verbleibt

 Entwicklung geht in die falsche Richtung

Welche Ziele der Nachhaltigkeitsstrategie werden in Deutschland erreicht?

Aktuell sind das 21 Ziele:

- 3.1.c Senkung der Raucherquote von Jugendlichen (Senkung bis 2030 auf 7 Prozent)
- 3.1.d Senkung der Raucherquote von Erwachsenen (Senkung auf 19 Prozent bis 2030)
- 4.1.a Verringerung des Anteils früher Schulabgänger (Verringerung des Anteils auf unter 10 Prozent bis 2020)
- 6.2 Besserer Zugang zu Trinkwasser und Sanitärversorgung weltweit (bis 2030 sollen jährlich 10 Millionen Menschen Zugang zu Wasser erhalten)
- 7.2.b Zukunftsfähige Energieversorgung ausbauen (Anstieg auf mindestens 35 Prozent bis 2020, auf mindestens 50 Prozent bis 2030, auf mindestens 65 Prozent bis 2040 und auf mindestens 80 Prozent bis 2050)
- 8.1 Ressourcen sparsam und effizient nutzen (Beibehaltung des Trends der Jahre 2000 bis 2010 jetzt bis 2030)
- 8.2.a Staatsfinanzen konsolidieren – Generationengerechtigkeit schaffen (jährliche Staatsdefizit weniger als 3 Prozent des Bruttoinlandsprodukts, Beibehaltung bis 2030)
- 8.4 Wirtschaftsleistung umwelt- und sozialverträglich steigern (BIP je Einwohner – stetiges und angemessenes Wirtschaftswachstum)
- 16.2 Praktische Maßnahmen zur Bekämpfung der Proliferation, insbesondere von Kleinwaffen (mindestens 15 Projekte jährlich bis 2030)
- 16.3.a Gute Regierungsführung, Korruptionsbekämpfung (Verbesserung bis 2030)
- 17.1 Entwicklungszusammenarbeit (Steigerung auf 0,7 Prozent)

Wo geht die Entwicklung in die richtige Richtung, aber es verbleibt eine Zielverfehlung zwischen 5 und 20 Prozent?

Aktuell ist das bei insgesamt 6 Zielen der Fall, darunter:

- 1.1.a Armut begrenzen (Anteil der Personen, die materiell depriviert sind, bis 2030 deutlich unter EU-28 Wert halten)
- 3.1.b Länger gesund leben (Rückgang auf 190 je 100.000 Einwohner (Männer) bis 2030
- 13.1.b Deutscher Beitrag internationale Klimafinanzierung (Verdopplung der Finanzierung bis 2020 gegenüber 2014)

Wo geht die Entwicklung in die richtige Richtung, aber es verbleibt eine Lücke von mehr als 20 Prozent?

Aktuell ist das bei insgesamt 20 Zielen der Fall; drunter:

- 2.1.a In unseren Kulturlandschaften umweltverträglich produzieren (Verringerung der Stickstoffüberschüsse der Gesamtbilanz für Deutschland auf 70 kg je Hektar landwirtschaftlich genutzte Fläche im Jahresmittel 2028 bis 2032)
- 2.1.b Ökologischer Landbau (Erhöhung des Anteils des ökologischen Landbaus an der landwirtschaftlich genutzten Fläche auf 20 Prozent in den nächsten Jahren)
- 3.2.a Luftbelastung – gesunde Umwelt erhalten (Reduktion der Emissionen des Jahres 2005 auf 55 Prozent (ungewichtetes Mittel der 5 Schadstoffe bis 2030)
- 4.2.a Perspektiven für Familien – Vereinbarkeit von Familie und Beruf verbessern (Ganztagsbetreuung für Kinder 0- bis 2-jährige, Anstieg auf 35 Prozent bis 2030)
- 6.1.a Gewässerqualität-Minderung der stofflichen Belastung von Gewässern (an allen Messstellen werden bis 2030 die gewässertypischen Orientierungs-Werte eingehalten oder unterschritten)
- 7.1.a Ressourcenschonung – →Ressourcen sparsam und effizient nutzen (Steigerung der Endenergieproduktivität um 2,1 Prozent pro Jahr im Zeitraum von 2008 bis 2050)

- 10.1 Gleiche Bildungschancen (Erhöhung des Anteils der ausländischen Schulabgänger mit mindestens Hauptschulabschluss und Angleichung an die Quote deutscher Schulabgänger bis 2030)
- 12.2. Nachhaltige Produktion – Anteil nachhaltige Produktion stetig erhöhen (5.000 EMAS-Organisationsstandorte bis 2030)
- 13.1.a Klimaschutz – Treibhausgase reduzieren (Minderung um mindestens 40 Prozent bis 2020, um mindestens 55 Prozent bis 2030, um mindestens 70 Prozent bis 2040 und um mindestens 80 bis 95 Prozent bis 2050 jeweils gegenüber 1990)
- 14.1.a Meere schützen (Einhaltung des guten Zustands nach Oberflächengewässerverordnung, Jahresmittelwerte für Gesamtstickstoff bei in die Ostsee mündenden Flüssen sollen 2,6 mg/Liter nicht überschreiten
- 17.3 Märkte öffnen – Handelschancen der Entwicklungsländer verbessern (Steigerung des Anteils um 100 Prozent bis 2030 – Basiswert: 2014)

Und wo geht die Entwicklung in die falsche Richtung?

Aktuell ist das bei insgesamt 9 Zielen der Fall; drunter:

- 3.1.f Länger gesund leben – Adipositasquote von Erwachsenen ab 18 Jahre (Anstieg dauerhaft stoppen)
- 6.1.b Gewässerqualität – Nitrat im Grundwasser (bis 2030 Einhaltung des 50 mg/Liter Nitrat Schwellenwertes im Grundwasser)
- 11.2.a Mobilität sichern – Umwelt schonen (Zielkorridor bis zum Jahre 2030 minus 15 bis minus 20 Prozent)
- 12.1 Nachhaltiger Konsum – Konsum umwelt- und sozialverträglich gestalten (kontinuierliche Abnahme des Energieverbrauchs)
- 15.1 Artenvielfalt – Arten erhalten, Lebensräume schützen (Anstieg auf den Indexwert 100 bis zum Jahr 2030)
- 15.3 Wälder – Entwaldung vermeiden (Steigerung bis 2030)
- 16.1 Kriminalität – Persönliche Sicherheit weiter erhöhen (Zahl der erfassten Straftaten je 100.000 Einwohner soll bis 2030 auf unter 7.000 sinken)

Literaturtipp:
Die Bundesregierung, Deutsche Nachhaltigkeitsstrategie – Neuauflage 2016, Berlin 2017

Wie lassen sich die vier Bewertungskategorien quantitativ aufteilen?

Die beiden ersten Kategorien „Ziel wird nahezu erreicht" und „Entwicklung geht in die richtige Richtung, aber Zielverfehlung zwischen 5 und 20 Prozent bleiben", sind überwiegend positiv einzuordnen; es ergeben sich 27 Ziele, die auf einem guten Weg sind. Die beiden nächsten Kategorien „Entwicklung in die richtige Richtung, aber Lücke von mehr als 20 Prozent verbleibt" und „Entwicklung in die falsche Richtung" sind relativ defizitär. Entsprechend sind 29 Ziele noch nicht auf einem befriedigenden bzw. auf einem völlig unbefriedigenden Weg.

Was tut die Bundesregierung bzw. wo gibt es noch Handlungsbedarf?

Die →Agenda 2030 wird in dem Vorwort zur nationalen Nachhaltigkeitsstrategie Deutschlands wie folgt eingeschätzt bzw. gewürdigt, woraus sich der Anspruch zur Bewertung begründet:

„Die Arbeit an der Agenda ist ein Beispiel vorbildlicher internationaler Kooperation. Das Ergebnis zeigt, dass ein globaler Schulterschluss in zentralen Zukunftsfragen möglich ist. ... Mit der aktuellen und umfassend überarbeiteten Nachhaltigkeitsstrategie für Deutschland legt die Bundesregierung dar, welche Herausforderungen sich aus der Verpflichtung auf eine nachhaltige Entwicklung ergeben, welche konkreten Ziele sie sich steckt und welche Maßnahmen sie ergreift um diese zu erreichen." (Die Bundesregierung 2017, S. 3)

Die bisherige Zielerreichung im Rahmen der vier aufgezeigten Kategorien sollte jedoch nicht nur quantitativ erfolgen. Betrachtet man die Kategorie 3 und 4 zur Zielerreichung, so lassen sich hier Herausforderungen feststellen, die noch nicht befriedigend bewältigt wurden, obwohl sie teilweise von existenzieller Bedeutung sind. In diesem Kontext wird empfohlen, die *„Bisherigen Maßnahmen"* und die *„Geplanten Maßnahmen"*, die in der Nachhaltigkeitsstrategie zu den einzelnen Zielen aufgeführt werden, näher zu betrachten. Die noch nicht ausreichend bewältigten Herausforderungen sollen nun exemplarisch aufgezeigt werden.

Der **ökologische Landbau**, der z. B. auch für die →Biodiversität von großer Bedeutung ist, stagniert seit Jahren bei etwa 10 Prozent und daher ist nicht zu erwarten, dass die relativ bescheidene Zielsetzung von 20 Prozent bis 2030 erreicht wird. Eine ähnliche Situation ergibt sich für die Luftbelastung. So wurde die Ermittlung der Luftbelastung (ungewichtetes Mittel von 5 Schadstoffen) schon kritisch hinterfragt. Dabei bleibt auch unberücksichtigt, dass sich die verschiedenen Emissionen aus der Perspektive des SDG 3 *„gesundes Leben fördern"* unterschiedlich auf die gesundheitliche Belastung der Menschen auswirken, was auch bei den *„geförderten Maßnahmen"* nicht berücksichtigt wurde.

Die Entwicklung der **Luftbelastung** soll an dem Beispiel CO_2 näher analysiert werden. Neueste CO_2-Werte zeigen, dass beispielsweise die CO_2-Emissionen 2019 etwa 54 Millionen Tonnen betrugen. Das bedeutet, dass der Wert 6,3 Prozent zurückging. Das wird mit der erfolgreichen Reform des europäischen Emissionshandels, mit dem niedrigen Gaspreis, dem Ausbau von Wind- und Sonnenenergie sowie der Abschaltung erster Kohlekraftwerksblöcke begründet. Das wird von der Bundesregierung als wichtiger Schritt zu mehr Klimaschutz gewertet und es wird festgestellt, dass man hier auf einem guten Weg ist.

Dabei sind jedoch sehr gegenläufige Entwicklungen zu beobachten. Während die **Energiewirtschaft** mit Abstand den größten Minderungsbeitrag geleistet hat, aber auch im Industriesektor und in der Landwirtschaft die CO_2-Emissionen gegenüber dem Vorjahr zurück gingen, haben die Emissionen im Bereich Gebäude und besonders auch im Verkehrssektor stark zugenommen. (Umweltbundesamt 2020) Daraus wird deutlich, dass die Bundesministerien für ihre Zuständigkeitsbereiche unterschiedlich erfolgreich waren, wobei alle Politikbereiche noch Verbesserungspotenziale aufweisen. So gibt es unter Fachleuten einen Konsens, dass sich der Bereich regenerative Energie aber auch eine CO_2 freundlichere Landwirtschaft dynamischer entwickeln sollten und könnten.

Wie zeichnet sich die Kategorie „Entwicklung in die falsche Richtung" aus?

Bei der Kategorie *„Entwicklung in die falsche Richtung"* werden wichtige Bereiche aufgeführt, bei denen eine Zielerreichung bis 2030 kaum zu erwarten ist wie folgende Beispiele verdeutlichen:

- Gewässerqualität verbessern, wo es um den zu hohen Nitratgehalt im Grundwasser geht,
- Mobilität, wo es um eine deutliche Umweltentlastung geht,
- nachhaltiger Konsum, wo es um einen sozial- und umweltverträglichen Konsum geht,
- den Schutz der Artenvielfalt und die Entwaldung vermeiden.

Insofern kann festgestellt werden, dass der Staat bei der Umsetzung der SDGs noch große Potenziale aber auch Verpflichtungen zur Steigerung hat. Vernachlässigt wurde bisher auch die Vernetzung der Ziele. Weiterhin wurde bisher die Beziehungsstruktur der Nachhaltigkeitsziele zueinander weitgehend vernachlässigt. Das folgende Schaubild zeigt die Komplexität auf.

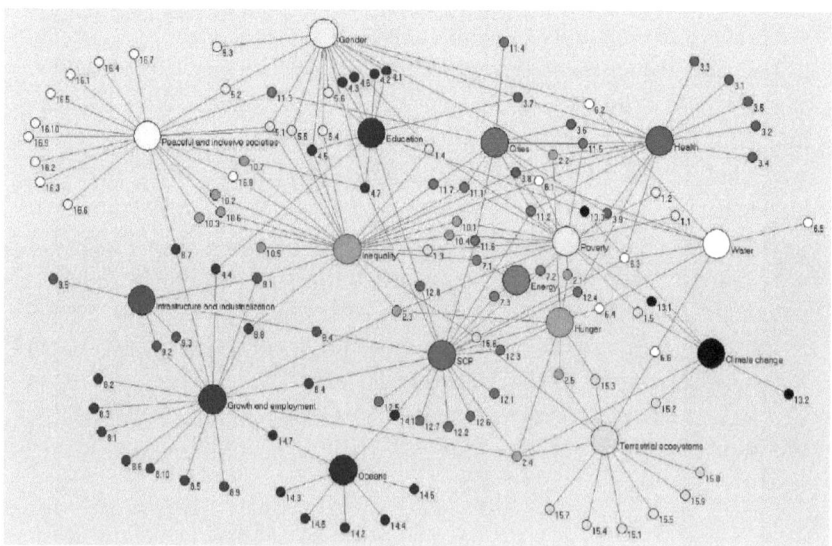

16 | Die SDGs als Netzwerk von Zielen
Quelle: Le Blanc 2015, S. 17

Ist die Komplexität bzw. die Vernetzung der Ziele in der strategischen Umsetzung hilfreich?

Bei der Umsetzung der Nachhaltigkeitsstrategie geht es nicht um die Wahrnehmung der gesamten Komplexität. Das wäre der Idealzustand. Es geht vielmehr um die Frage, welche Beziehung zwischen einzelnen Zielen besteht. Hierzu ein Beispiel: wie hängen wirtschaftliches Wachstum und Klimaschutz zusammen. Dabei ist zu berücksichtigen, dass ein stetiges wirtschaftliches Wachstum in aller Regel zu mehr Klimabelastung führt. Eine weitere weitgehend ungeklärte Beziehung besteht zwischen regenerativen Energieträgern und der Biodiversität. Hinreichend bekannt ist in diesem Zusammenhang die konfliktäre Beziehung zwischen Windrädern und Vögeln. In diesem Kontext gibt es noch eine Vielzahl von offenen Fragen, bei denen weiterer Forschungsbedarf bzw. eine theoretische Fundierung besteht.

Auch den Bundesländern kommt in den Bereichen, für die sie Kompetenzen und über Kapazitäten verfügen, eine besondere Rolle in der Verwirklichung der →Agenda 2030 zu. Die folgende Übersicht zeigt die Schwerpunkte der Bundesländer in diesem Kontext auf.

Welche Zuständigkeiten haben die Bundesländer für die SDGs?

Zwischen Bundes- und Länderebene gibt es eine Aufgabenteilung, die nicht immer trennscharf ist. Betrachtet man sich die den Ländern zugeteilten Aufgabenbereiche, so sind diese im Kontext der →Agenda 2030 und den 17 SDGs in besonderem Maße relevant. In den Aufgabenbereichen wie jenem für „Soziales" aber auch „Wirtschaft und Umwelt" spiegeln sich bereits wichtige Themenfelder der Agenda 2030 wider. Hier geht es dann darum ob und in welchem Maße sie dem Anspruch der nachhaltigen Entwicklung bzw. der Agenda 2030 entsprechen. Es handelt sich um folgende kommunale Aufgabenbereiche:

- **Bildung**: Schulbildung / Hochschulwesen und -bau / Hochschulzulassung und -abschlüsse / Förderung der wissenschaftlichen Forschung / Ausbildungsbeihilfen / außerschulische Jugendbildung

- **Soziales**: Öffentliche Fürsorge / Wohngeldrecht / Aufenthaltsrecht Ausländer / Flüchtlinge und Vertriebene / Arbeitsrecht / Heimstätten-wesen / Heimrecht / Sozialer Wohnungsbau
- **Wirtschaft**: Recht der Enteignung / Verhütung des Missbrauchs wirt-schaftlicher Macht / Schifffahrt / Bodenrecht / Bodenverteilung / landwirt-schaftlicher Grundstückverkehr und Pachtwesen / Raumordnung / Flurbe-reinigung / Siedlungs- und Teile des Wohnungswesens / wirtschaftliche Sicherung der Krankenhäuser
- **Wirtschaft und Umwelt**: Förderung von Landwirtschaft und Fische-rei / Straßenverkehr / Abfallbeseitigung / Luftreinhaltung und Lärmbe-kämpfung / Jagdwesen / Pflanzen- und Tierschutz / Naturschutz und Landschaftspflege (ohne die allgemeinen Grundsätze des Naturschut-zes, des Meeresnaturschutzes und des Artenschutzes) / Wasserhaushalt (ohne stoff- oder anlagenbezogene Regelungen)

Linktipp:
Eine gute Online-Quelle zur Vertiefung ist dazu ist www.bpb.de/politik/gr undfragen/deutschedemokratie/39356/kompetenzverteilung
Als Online-Literatur bietet sich ein DIE-Discussion-Paper von 12/2015 an. Die Autoren Fischer und Scholz titeln ihr Papier „Universelle Ver-antwortung – Die Bedeutung der 2030-Agenda für eine nachhaltige Entwicklung der deutschen Bundesländer".
www.entwicklungspolitik-deutsche.laender.de/sites/default/files/die_st udie_rolle_deutscher_laender_sdgs.pdf

Haben sich einzelne Bundesländer den 17 Nachhaltigkeitszielen verschrieben?

Die folgenden Ausführungen konzentrieren sich auf Nachhaltigkeitsstrate-gien der Bundesländer, die eine unterschiedliche Ausdifferenzierung bzw. Intensität aufweisen. Einige Bundesländer haben ihre Nachhaltigkeitsstra-tegie bereits explizit auf die →Agenda 2030 und die 17 SDGs ausgerichtet. Dazu gehören:

- Baden-Württemberg,
- Brandenburg,
- Hessen,

- Niedersachsen,
- Nordrhein-Westfalen,
- Rheinland-Pfalz und
- Thüringen.

Bis 2017 hatten alle Bundesländer eine Nachhaltigkeitsstrategie oder vergleichbare Dokumente erstellt (Kerkow 2017). **Baden-Württemberg** ist das erste Bundesland, das seit 2011 eine umfassende Nachhaltigkeitsberichterstattung hat.

Es ist bemerkenswert, dass noch vor der ersten nationalen Nachhaltigkeitsstrategie 2002 in zwei Bundesländern Nachhaltigkeitsstrategien verabschiedet wurden. (Bayern 1997 und Rheinland-Pfalz 2001). Die Bundesländer haben in ihren Nachhaltigkeitsstrategien zwischen 5 und 11 Handlungsschwerpunkte definiert. Dabei wurde die Schwerpunktsetzung auf die Herausforderungen ausgerichtet, denen sich die Bundesländer gegenübersehen.

Bei den Themen Energie und Klima, →Bildung und nachhaltiges Wirtschaften gibt es bei allen Nachhaltigkeitsstrategien eine Übereinstimmung. Die entwicklungspolitischen Aktivitäten der Bundesländer richten sich auf eine nachhaltige und faire Beschaffung, Partnerschaften zwischen Bundesländern und Entwicklungsländern bzw. konkrete Regionen in Entwicklungsländern und Bildung für nachhaltige Entwicklung.

„Ein Vergleich der unter dem Begriff Nachhaltigkeit sowie Entwicklungspolitik behandelten Themenbereiche offenbart allerdings fehlende Trennschärfe und ein erhebliches Maß an thematischer Konvergenz." (Brunkhorst, Obenland 2017, S. 2)

Eine Besonderheit weist **Mecklenburg-Vorpommern** auf: dort haben 2016 die Regierungsparteien die Erstellung einer Nachhaltigkeitsstrategie in ihrem Koalitionsvertrag festgeschrieben.

Literaturtipp:
Einen guten Überblick zur Umsetzung der Agenda 2030 auf Länderebene gibt ein Briefing des Global Policy Forum vom Januar 2017. Die Autoren sind Svenja Brunkhorst und Wolfgang Obenland. Es lautet „SDGs für die Bundesländer – Die Rolle der Länder bei der Umsetzung der 2030-Agenda für nachhaltige Entwicklung".
Das Dokument erhält man unter www.globalpolicy.org/images/pdfs/G PFEurope/GPF-Briefing_0117_SDGs_Bundeslander.pdf

Was wird auf kommunaler Ebene hinsichtlich der Nachhaltigkeitsziele vorgenommen?

Neben der Bundes- und Landesebene werden die Agenda 2030 und die Nachhaltigkeitsziele auch zunehmend auf kommunaler Ebene wahrgenommen. In der Agenda 2030 wird an verschiedenen Stellen die wichtige Rolle von Städten und Kommunen betont. Das hat insofern eine Tradition, als bereits die →Agenda 21, die als Handlungsprogramm der Konferenz von 1992 in Rio de Janeiro vorlag, bereits die herausragende Bedeutung der Kommunen bei der Umsetzung nachhaltiger Entwicklung betont wurde.

Im UN-Dokument zur Agenda 2030 von 2015 wird festgestellt:

„Wir sind uns dessen bewusst, dass eine nachhaltige Stadtentwicklung und ein nachhaltiges Stadtmanagement von entscheidender Bedeutung für die Lebensqualität unserer Bevölkerung sind. Wir werden mit den lokalen Behörden und Gemeinwesen bei der Erneuerung und Planung unserer Städte und Siedlungen zusammenarbeiten, um den Zusammenhalt der Gemeinwesen und die persönliche Sicherheit zu fördern und Innovationen und Beschäftigung anzuregen." (Vereinte Nationen 2015, Pkt. 34)

Daher hat die Bundesregierung am 30. September 2015 auf der Basis eines Beschlusses des Staatssekretärsausschusses für nachhaltige Entwicklung den interministeriellen Arbeitskreis *„Nachhaltige Stadtentwicklung in nationaler und internationaler Perspektive"* (IMA Stadt) unter der Leitung des Bundesministeriums für Umwelt, Naturschutz, Bau und Reaktorsicherheit (BMUB) konstituiert. (Umweltbundesamt 2017, S. 10) Dabei soll sich speziell die Arbeitsgruppe 1 mit der kommunalen Dimension der →Agenda 2030 befassen und eine Informations- und Austauschplattform zur Umsetzung der Agenda 2030 konzipieren und Vorschläge für eine Kommunikations- und Aktivierungsstrategie des Bundes entwickeln.

Das SDG 11 der Agenda 2030 stellt ganz explizit die große Bedeutung der Kommunen bei der Umsetzung nachhaltiger Entwicklung heraus: *„Städte und Siedlungen inklusive, sicher, widerstandsfähig und nachhaltig gestalten."* Ferner wird aber auch die besondere Rolle der Städte betont: in den Paragrafen 21 und 25 wird die enge Zusammenarbeit mit den regionalen Autoritäten nahegelegt (Vereinte Nationen 2015, S. 7). Das Ziel fordert übergreifend eine Verstärkung der Aktivitäten *„für*

eine partizipatorische, integrierte und nachhaltige Siedlungsplanung und -steuerung".
Mit der Unterzeichnung der „Musterresolution 2030-Agenda für nachhaltige Entwicklung: Nachhaltigkeit auf kommunaler Ebene gestalten" des Deutschen Städtetags und der deutschen Sektion des Rats der Gemeinden und Regionen Europas war am 21. Februar 2019 die Kommune Lamspringe die 100. Kommune die dieses Dokument unterzeichnet hat. Dabei werden die Städte und Kommunen vom Bundesministerium für wirtschaftliche Zusammenarbeit und Entwicklung (BMZ) durch Angebote der Servicestelle Kommunen in der Einen Welt mit ihrem Handlungsfeld „Global nachhaltige Kommune (GNK)" unterstützt.

Linktipp:
Die Umsetzung der Agenda 2030 auf kommunaler Ebene lässt sich gut vertiefen bei Jens Martens. Im November 2017 hat er ein Dokument verfasst. Es trägt den Titel „Agenda 2030 kommunal – Die Umsetzung der UN-Nachhaltigkeitsziele in Städten und Gemeinden". Es ist abrufbar unter www.2030agenda.de/sites/default/files/GPF-Briefing_1117_Agenda2030_kommunal.pdf

Welches Ziel wird dabei auf kommunaler Ebene verfolgt?

Das Ziel hierbei ist Kommunen zu befähigen, einen sichtbaren und messbaren Beitrag zur **Umsetzung der SDGs** auf lokaler Ebene zu leisten (Martens 2017, S. 3). Dabei wird davon ausgegangen, dass Kommunalverwaltungen, Stadträte, Bürgerinitiativen und lokale Gruppen vielfältige Möglichkeiten haben sich bei dem Umsetzungsprozess der Agenda 2030 zu engagieren.
Es werden folgende sechs Handlungsfelder für kommunale Akteure im SDG-Prozess unterschieden:

1. Information und Bewusstseinsbildung: Die SDGs bekannt machen,
2. Vernetzung: kommunale Nachhaltigkeitsbedürfnisse schmieden,
3. Lobbyarbeit: kommunale Perspektive in die nationale SDG- Umsetzung einbringen,

4. Schaffung der politischen Grundlage: Ratsbeschluss und kommunale Nachhaltigkeitsstrategie,
5. Umsetzung: SDGs „kommunaleren", d. h. vor Ort umsetzen,
6. Monitoring: Umsetzung der Nachhaltigkeitsstrategie überprüfen.

Der Umsetzungsprozess der Agenda 2030 bietet somit

„auch für Städte und Gemeinden die Chance, Diskussionsprozesse zu den Fragen zu fördern, wie Zukunftsfähigkeit und gesellschaftlicher Fortschritt definiert werden sollten, und wie die Prinzipien der Solidarität und der globalen Verantwortung angesichts der Grenzen des globalen Ökosystems in konkretes gesellschaftliches Handeln vor Ort übersetzt werden können." (Martens 2017, S. 5)

Können auch Unternehmen im Rahmen der Nachhaltigkeitsstrategie einen Beitrag leisten?

In der →Agenda 21 aber auch in der Agenda 2030 werden Unternehmen als wichtige Akteure nachhaltiger Entwicklung genannt. Daher stellt sich die Frage, wie sie diese Herausforderung wahrnehmen bzw. ihr gerecht werden. Die verstärkte Diskussion um die Zusammenführung der ökologischen, wirtschaftlichen und gesellschaftlichen Verantwortung von Unternehmen führte schließlich dazu, dass eine Vielzahl und Vielfalt alternativer Konzepte entwickelt wurden. In dem Kontext unternehmereischer Verantwortung auf der Basis nachhaltiger Entwicklung hat →**Corporate Social Responsibility** (CSR) in den vergangenen Jahren eine besondere Beachtung erfahren.

Worum geht es bei CSR?

Bei dem Konzept CSR geht es darum, das Leitbild nachhaltiger Entwicklung für Unternehmen anwendungsorientiert auszugestalten. CSR wurde ganz wesentlich von der Europäischen Kommission entwickelt. Daher orientieren sich die folgenden Ausführungen am CSR-Verständnis der Europäischen Kommission und dessen Weiterentwicklung in den vergangenen Jahren. Während das Freiwilligkeitsprinzip lange Zeit als konstituierendes Merkmal von CSR galt, revidierte die Europäische Kommission im Jahr 2011 ihr Verständnis von CSR und ruft Unternehmen explizit dazu auf, ihre

Verantwortung für ökologische, ökonomische und soziale Belange in enger Abstimmung mit ihren →Stakeholdern in das operative Kerngeschäft und die Unternehmensstrategie zu integrieren. Die Zielsetzung von CSR wird von der Kommission wie folgt formuliert:

> *„Die Kommission legt eine neue Definition vor, wonach CSR ‚die Verantwortung von Unternehmen für ihre Auswirkungen auf die Gesellschaft' ist. [...] Damit die Unternehmen ihrer sozialen Verantwortung in vollem Umfang gerecht werden, sollten sie auf ein Verfahren zurückgreifen können, mit dem soziale, ökologische, ethische, Menschenrechts- und Verbraucherbelange in enger Zusammenarbeit mit den Stakeholdern in die Betriebsführung und in ihre Kernstrategie integriert werden.“*

Was ist demnach das wichtigste Ziel von CSR?

Das Ziel von →CSR ist, die drei Dimensionen in einem umfassenden bzw. integrierten Managementkonzept gleichrangig zusammenzuführen (Spraul, Kiefhaber 2018, S. 33 ff). Hierzu lässt sich feststellen, dass sich CSR in den letzten Jahren in der Tat von einem eher punktuellen Unternehmensmanagement (Sponsoring bzw. Spenden) sowie rechtliche Compliance, zu einem verantwortungsvollen Management im Kerngeschäft entlang der drei Dimensionen Ökologie, Ökonomie und Soziales entwickelt hat (CSR2.0) (Schmidpeter 2015, S. 143). Ein Nachhaltigkeitsmanagement für Unternehmen und auch für Nichtregierungsorganisationen (NRO) kann somit durch das Konzept CSR eine konkrete inhaltliche Ausgestaltung erfahren. Ein weiteres wesentliches Merkmal von CSR im Kontext nachhaltiger Entwicklung ist die Stakeholder-Orientierung, die als Antipode zu dem Shareholder-Value-Ansatz zu verstehen ist.

Entsprechend ist das Unternehmen nicht nur den Anteilseignern, sondern den internen (z. B. Mitarbeiter) und externen Anspruchsgruppen (z. B. Kunden, Lieferanten, gesellschaftliche Gruppen) verantwortlich. Eine weitere Konkretisierung des CSR-Konzeptes ergibt sich aus der Formulierung von Instrumenten zur Umsetzung und Bewertung von CSR. Von großer Bedeutung in diesem Zusammenhang sind die CSR- oder Nachhaltigkeitsberichte, die von vielen Unternehmen im Internet vorgestellt werden.

Gibt es eine CSR-Strategie in Deutschland?

Die deutsche Regierung hat jedoch gegenwärtig noch keine klare CSR-Strategie. Bis auf vereinzelte Aspekte, wie das Thema **Unternehmensverantwortung** in globalen Lieferketten (Deutsche G7- Präsidentschaft 2015) hat die Bundesregierung auch keine klare politische Themenführerschaft in diesem Bereich. Zur Ausgestaltung nachhaltiger Wertschöpfungsketten gibt es noch ein großes Potenzial. (Zink et al. 2012, S. 9) Sie setzt eher reaktiv europäische Weichenstellungen im nationalen Kontext um. Hier wird die Differenzierung in innengerichtete Handelspolitik und außengerichtete Entwicklungszusammenarbeit erneut deutlich. Teilweise wird von staatlichen und nichtstaatlichen Akteuren in Deutschland hierzu kritisch angemerkt, dass die Politik als Orientierung gebende und Vertrauen schaffende Instanz an Bedeutung verloren hat und daher die Unternehmen in diese Lücke stoßen und beispielsweise durch CSR- Maßnahmen selbst besetzen.

Gibt es weitere Unterstützungen für CSR?

In den westlichen Industrieländern wird das Konzept CSR durch eine Reihe von internationalen Netzwerken gefördert. In diesem Zusammenhang sind besonders folgende Netzwerke zu nennen:

- „Corporate Social Responsibility Europe" (CSR Europe),
- „Business for Social Responsibility" (BSR),
- „The CSR Forum of the International Leader Forum",
- „The World Business Council for Sustainable Development".

Außerdem nimmt die Bedeutung von Brancheninitiativen und Multi-**Stakeholder**-Initiativen, in denen sich mehrere Unternehmen mit Unternehmensverbänden, teilweise auch unter Einbezug von NRO und öffentlichen Institutionen, zusammenschließen. (Müller, Bessas 2017; Soundararajan, Brown, Wicks 2019).

Das Konzept CSR erfährt sowohl auf nationaler als auch auf internationaler Ebene eine wachsende Aufmerksamkeit und Bedeutung. Das liegt einerseits im Trend und ist andererseits relevant, indem immer mehr Unternehmen nicht mehr nur nach kurzfristigen Erfolgen (**Shareholder**-Value-Ansatz) streben, sondern um einen langfristigen wirtschaftlichen und sozial ökologisch orientierten Erfolg bemüht sind. Das wird auch von den →Stakeholdern bzw. der Öffentlichkeit immer mehr eingefordert.

Was sind die zentralen Kritikpunkte am Konzept CSR?

Kritisch anzumerken ist, dass das Konzept CSR und das Leitbild nachhaltiger Entwicklung bisher auch in der Literatur noch häufig unverbunden nebeneinanderstehen. Insofern gilt es gerade auch aus der Perspektive privatwirtschaftlicher Unternehmen weiterhin zu klären, welche Beziehung zwischen dem Konzept CSR und einem wie auch immer ausgestalteten Nachhaltigkeitsmanagement besteht. Dabei kann das CSR-Konzept für die Ausgestaltung und Implementierung eines Nachhaltigkeitsmanagements wichtige Instrumente zur Verfügung stellen. Unter Berücksichtigung von kleinen und mittelständischen Unternehmen (KMU) und besonders für Kleinunternehmen gilt, dass diese Instrumente an die spezifischen Bedingungen von KMU angepasst werden müssen.

Eine wichtige Aufgabe steht noch aus: wie schon ausführlich aufgezeigt wurde, hat sich die Völkergemeinschaft, d.h. alle Mitgliedsstaaten der UN 2015 auf die Agenda 2030 mit den 17 SDGs verständigt. Im Rahmen dieses anspruchsvollen Reformprogramms, das im Rahmen von nationalen Nachhaltigkeitsstrategien implementiert werden soll, muss CSR weiterentwickelt und konkretisiert werden. Die Ziele und Unterziele der Agenda 2030 weisen sehr konkrete Forderungen auf, die von der Freiwilligkeit von CSR abweichen. Obwohl besonders große Unternehmen erkennen, dass ein „business as usual" für die Umsetzung der Agenda 2030 nicht ausreicht, mangelt es vielfach noch an konkreten Vorstellungen einer konzeptionellen Weiterentwicklung und entsprechend auch an konkreten Maßnahmen.

In diesem Zusammenhang wird wieder einmal der Unterschied zwischen Leadership und Followership deutlich. Reform- bzw. zukunftsorientierte Führungspersönlichkeiten nehmen die Herausforderung der Agenda 2030 auf. Im Rahmen von Klausuren und Workshops werden die 17 SDGs darauf analysiert, bei welchen Forderungen in Unternehmen Stärken oder Schwächen festzustellen sind. Die Erkenntnisse führen zu strategischen Anpassungen und wenn nötig, zu neuen Richtlinien und angepassten Zielsetzungen.

Daraus können sich aber auch weitreichende Konsequenzen ergeben. So wird es besonders für Unternehmen schwierig, die Geschäftsfelder aufgeben müssen, da sie mit den Anforderungen der SDGs nicht kompatibel sind und früher oder später gegen SDG-kohärente Gesetze verstoßen.

„Davon betroffen könnten etwa die Erdölindustrie sein, Kohlestromproduzenten, Hersteller von Plastikverpackungen oder von Produkten, die nach einmaligem Gebrauch weggeworfen werden. Das Problem der Politik: ökologische Fortschritte können mit sozialen Nachteilen verbunden sein – das wird schon heute bei der Umstellung von Verbrennungsmotoren auf Elektromotoren sichtbar." (Leisinger 2018, S. 25)

Literaturtipp:
Einen guten Überblick gibt der Übersichtsartikel von von K. Spraul und E. Kiefhaber aus dem Jahr 2018. Er lautet „Nachhaltigkeitsmanagement" und ist in einem Herausgeberband bei Nomos erschienen. Herausgeber dieses Buches sind Michael von Hauff und Thuan Nguyen. Sein Titel ist „Fortschritte in der Nachhaltigkeitsforschung".

Wie können Bürger Nachhaltigkeitsziele verfolgen?

Die Bürger haben vielfältige Möglichkeiten sich der →Agenda 2030 und den 17 SDGs zuzuwenden oder sich in diesem Kontext zu engagieren. Obwohl – wie zu Beginn schon ausgeführt – nur etwa 10 Prozent der Bürger einen konkreten Bezug zu dem Thema haben, gibt es jedoch schon vielfältige Aktivitäten. Dabei wird oft auf Aktivitäten im Rahmen der lokalen →Agenda 21 angeknüpft bzw. aufgebaut. Das beginnt mit Informationsveranstaltungen von Akademien, Volkshochschulen und weiteren Bildungseinrichtungen zur Agenda 2030 und den 17 SDGs. Aber auch Netzwerke und Dialogforen haben hier eine Bedeutung. Der Ulmer Initiativkreis nachhaltige Wirtschaftsentwicklung e. V. (unw) ist eines der ersten Dialogforen nachhaltiger Entwicklung. „Er bildet das Zentrum eines kommunikativen Netzwerks, in dem Unternehmer, Wissenschaftler, Organisationen und engagierte Bürger Hand in Hand zusammenarbeiten. Lokal, regional und vor allem generationsübergreifend."

Welche Formen bürgerlichen Engagements gibt es?

Auf kommunaler Ebene gibt es im Kontext der Agenda 2030 und besonders im Zusammenhang mit den Nachhaltigkeitszielen viele Möglichkeiten des bürgerschaftlichen Engagements. Städten und Gemeinden kommt durch das Zusammenwirken der Kommunalverwaltung und -politik mit Bürgern und Wirtschaft eine Schlüsselfunktion zu. Bisher war der engagierte Einsatz für Bildungsgerechtigkeit, Soziales, Ökologie, Gesundheit, Gleichstellung, Klima, angemessene Bezahlung, Frieden und viele andere Themen in der Vergangenheit eher zersplittert. Die vielen sozialen Bewegungen und Aktivitäten der letzten Jahrzehnte führte oft nur zu einem vagen Gefühl von Zusammengehörigkeit und Verbundenheit. (Block 2020, S. 2)

Das hat sich durch die global gültige →Agenda 2030 verändert. Das bürgerschaftliche Engagement bezieht sich entweder auf die Agenda 2030 insgesamt oder auch nur auf einzelne Ziele auf kommunaler Ebene. Hierfür sind Handlungsorientierungen hilfreich. So geht es zunächst im Rahmen der Agenda 2030 um eine klare Zielsetzung. Weithin stellt die Überprüfung der Entwicklungen durch →Indikatoren für Kommunen und für bürgerschaftliches Engagement einen wichtigen Handlungsrahmen dar. (Assmann et al 2019, S. 6)

Ein wichtiger Multiplikator für bürgerschaftliches Engagement ist der Rat für Nachhaltige Entwicklung. Er hat anlässlich der Weltkonferenz der Vereinten Nationen für nachhaltige Entwicklung (Rio+20) die deutschen Aktionstage Nachhaltigkeit ins Leben gerufen. Das Ziel hierbei ist, dem Thema Nachhaltigkeit mehr öffentliche Aufmerksamkeit zukommen zu lassen, das Engagement zahlreicher Personen sichtbar zu machen und noch mehr Menschen dazu zu bewegen, nachhaltig zu handeln. Die deutschen Aktionstage Nachhaltigkeit richten sich an Privatpersonen, Vereine, Verbände, Initiativen, Stiftungen, Schulen, Kindergärten, Universitäten, Kirchen und Unternehmen.

Seit 2015 finden die deutschen Aktionstage Nachhaltigkeit im Rahmen der europäischen Nachhaltigkeitswoche statt. In den Jahren 2012 bis 2014 nahmen jährlich etwa 250 Nachhaltigkeitsaktionen teil. Die Zahl stieg seither kontinuierlich an. Im Jahr 2018 nahmen 2.531 Aktionen in ganz Deutschland teil. Die meisten Aktionen wurden 2018 zu SDG 12 (nachhaltiger Konsum und Produktion) angeboten. Danach folgte das SDG 13 (Maßnahmen zum Klimaschutz) und SDG 11 (nachhaltige Städte und Gemeinden). Eine weitere Konkretisierung erfolgt durch zwei Fallbeispiele.

Gibt es zur Konkretisierung der Aktionstage Nachhaltigkeit Fallbeispiele?

Ja, im Folgenden beschreibe ich zwei Fallbeispiele.

Fallbeispiel 1: TransitionHaus Bayreuth
Die Mitwirkenden eint der Wunsch, am sozialen, ökonomischen und ökologischen Wandel mitzuarbeiten: Das TransitionHaus in Bayreuth ist ein Projekt vieler verschiedener Menschen und Initiativen, die nachhaltige Entwicklung leben wollen. Im Fokus stehen gemeinsames Handeln, lernen, tauschen und teilen, an einem Ort, der nachhaltigen Konsum, interkulturelle und generationen-übergreifende Begegnungen und Bildung ermöglicht und dabei Engagement fördert. Die Zahl der Ehrenamtlichen und der Angebote wächst seit der Vereinsgründung im Jahr 2015 stetig. Ob in der Fahrrad-Selbsthilfe-Werkstatt, beim Umsonstflohmarkt, im Reparaturcafé oder bei Kulturveranstaltungen, hier hat das Engagement für Nachhaltigkeit einen Ort.

Fallbeispiel 2: Kampagne gegen Armut
Die Initiative will das Thema Jugendarmut in das Zentrum der Diskussion und in den Fokus der Öffentlichkeit bringen. Sie will deutlich machen, dass Armut kein Makel ist und alle treffen kann. Sie will Bündnispartner finden und die Politik zum Handeln bewegen. Daher wollen sie einen eigenen Beitrag leisten und verfolgen dabei das Ziel: jeder Jugendliche in Frankfurt soll jährlich bei einer Ferienfreizeit mitfahren können, unabhängig von der Einkommenssituation der Eltern.
Die politischen Forderungen konzentrieren sich auf bezahlbaren Wohnraum, Teilhabe und Mobilität, Bildung und Betreuung, Freizeit sowie die Verankerung des Themas als Querschnittsaufgabe in der Verwaltung und in Bildungseinrichtungen. Für die Sicherstellung bezahlbaren Wohnraums ist das Eingreifen der Politik in Frankfurt unabdingbar, da Wohnraum eine äußerst knappe Ressource und Spekulationsobjekt geworden ist. Der freie Wettbewerb hat die Probleme bisher nicht gelöst. Neben neuem, subventioniertem Wohnraum, einer effizienten Mietpreisbremse und einer Milieuschutzsatzung müssen noch mehr Anreize für private Investoren und Hausbesitzer geschaffen werden, damit Familien Zugang zu bezahlbarem Wohnraum bekommen. (Venro et al. 2018)

Die beiden Fallbeispiele zeigen das vielfältige bürgerschaftliche Engagement im Kontext der Agenda 2030, das auch teilweise von der Politik gefördert und ausgezeichnet wird.

Nachhaltigkeit in der Gesellschaft

 Dieses Kapitel beleuchtet die Umsetzung von Nachhaltigkeitskonzepten in verschiedenen Bereichen der Gesellschaft, zum Beispiel im Bildungssektor. Eine große Rolle spielt auch der Konsument mit seinem Kaufverhalten. Wichtige Stichworte außerdem in diesem Kapitel: Mobilität, Foodsharing, Digitalisierung und Fair Trade.

Wie kann man die einzelnen gesellschaftlichen Bereiche bzw. Sektoren im Rahmen von Nachhaltigkeit konkretisieren und ausgestalten?

In allen Bereichen lassen sich die Anforderungen nachhaltiger Entwicklung konkretisieren und umsetzen. So lassen sich beispielsweise die verschiedenen Themenbereiche der Wirtschaftspolitik im Rahmen nachhaltiger Entwicklung ausgestalten (v. Hauff, Nguyen 2013). Dabei wird deutlich, wie grundlegend sich eine nachhaltig gestaltete Wirtschaftspolitik vom ökonomischen Mainstream der Wirtschaftspolitik unterscheidet.

Das weit verbreitete Vorurteil, wonach nachhaltige Entwicklung bisher nur eine vage Begründung und Konkretisierung erfahren hat, ist also unzutreffend. Heute wird in der Literatur im Prinzip die Ausgestaltung aller relevanten Bereiche einer Gesellschaft auf der Grundlage nachhaltiger Entwicklung diskutiert und dargestellt. Teilweise gibt es noch Forschungsdefizite bei den Fragen: wie muss die Ausgestaltung der einzelnen Bereiche auch unter Berücksichtigung des **Strukturwandels** in Ökologie, Ökonomie und Soziales fortgeführt werden und wie wirkt sich die Umsetzung nachhaltiger Entwicklung in den einzelnen Bereichen auf die Lebensbedingungen der Menschen aus.

Können alle gesellschaftlichen Bereiche beleuchtet werden?

Die folgenden Ausführungen beschränken sich auf einige ausgewählte Bereiche. Ausgangspunkt ist das oft dominierende Verständnis, wonach der **Bildungssektor** für die Umsetzung nachhaltiger Entwicklung in allen gesellschaftlichen Bereichen von zentraler Bedeutung ist. Da nachhaltige Entwicklung ein dauerhafter Prozess ist, geht es darum, den „Pfad" zur Ausgestaltung der einzelnen Bereiche auf der Grundlage nachhaltiger Entwicklung zu konkretisieren. Dadurch werden die fundamentalen Unterschiede zwischen der konventionellen und der nachhaltigen Ausgestaltung der Bereiche deutlich.

Wie kommt es zu nachhaltiger Bildung?

Es besteht heute international ein breiter Konsens, dass die modernen Bildungssysteme, so wie sie im 19. Jahrhundert in Europa entstanden und im 20. Jahrhundert weiterentwickelt und ausdifferenziert wurden, für die Bewältigung gegenwärtiger und zukünftiger Probleme bzw. Krisen kaum noch ausreichen. →Bildung gilt daher als ein zentraler Bereich bzw. eine Voraussetzung für einen erfolgreichen Nachhaltig-keitsprozess. So wird schon in der Agenda 21 festgestellt:

„Bildung ist eine unerlässliche Voraussetzung für die Förderung einer nachhaltigen Entwicklung und die Verbesserung der Fähigkeit des Menschen, sich mit Umwelt- und Entwicklungsfragen auseinanderzusetzen." (BMU 1992, S. 253)

Bildung und besonders die Schulbildung sind bisher noch in erheblichem Maße darauf ausgerichtet, Schülerinnen und Schüler auf eine erfolgreiche Bewältigung der Zukunft vorzubereiten, wobei die Zukunft als eine lineare Fortschreibung der Gegenwart eingeordnet wird. Ribolits spricht in diesem Zusammenhang von der „Optimierung von Lernprozessen im Hinblick auf deren Relevanz für ökonomisch verwertbare Arbeit." (Ribolits 2009, S. 13)

Literaturtipp:
Der Band „Bildung für nachhaltige Entwicklung" aus der Schriftenreihe „Nachhaltigkeit" Gerd Michelsen und Daniel Fischer aus dem Jahr 2017 ermöglicht eine gute Vertiefung. Erschienen ist die Reihe bei der Hessischen Landeszentrale für politische Bildung http://hlz.hessen.de

Wie verfolgen weiterführende Bildungseinrichtungen das nachhaltige Bildungsziel?

Das gilt sicher nicht nur für den Bildungstyp Schule, sondern auch für viele andere weiterführende Bildungseinrichtungen wie Hochschulen. Wissen ist im Kontext nachhaltiger Entwicklung jedoch nur dann zielführend, wenn auch Lösungen bzw. Lösungsstrategien hinsichtlich der national aber auch global anstehenden Probleme bzw. Krisensymptome vermittelt werden.

Daher muss nach de Haan heuristisches Wissen erworben werden, welches dem Einzelnen die Möglichkeit bietet, auch ohne Expertenwissen strategisch in unsicheren Handlungsfeldern handeln zu können und Probleme zu lösen.

„Heuristisches Wissen beinhaltet allgemeine Regeln des Entscheidens und Handelns, die man auf immer wieder neue Situationen anwenden kann" (de Haan 2008, S. 27).

Die eigentliche Herausforderung von Bildung für nachhaltige Entwicklung ist nach Jackson die *„social transformation"* (Jackson 2011, S. 28). Nach ihm verlangt *social transformation* einen völlig anderen Typus des Lernens als er bisher in den formellen und informellen Bildungssystemen praktiziert wird.

Eine Konkretisierung erfährt →Bildung im Kontext nachhaltiger Entwicklung in SDG 4: *„Inklusive, gleichberechtigte und hochwertige Bildung gewährleisten und Möglichkeiten lebenslangen Lernens für alle fördern."* (UN, 2015, S. 15) Ausgangspunkt von SDG 4 ist: Es gibt weltweit einen Konsens, dass Bildung der Schlüssel zu einer nachhaltigen und zukunftsfähigen Entwicklung ist. Sie soll Menschen befähigen ihre politische, kulturelle, soziale und wirtschaftliche Situation zu verbessern und gilt als Menschenrecht gemäß der Allgemeinen Erklärung der Menschenrechte durch die UN (BMZ 2017). Bildung auf der Grundlage nachhaltiger Entwicklung zielt also darauf ab, dass Bildungsangebote einen Bewusstseins- und Mentalitätswandel fördern, wodurch die Menschen befähigt werden, an einer nachhaltigen Gestaltung der (Welt-)Gesellschaft engagiert und verantwortungsbewusst mitzuwirken.

Ein wichtiger Meilenstein ist die überregionale Strategie *„Bildung für nachhaltige Entwicklung"* der *„United Nations Economic Commission for Europe (UNECE)"*, die von den Umwelt- und Bildungsministern der Mitgliedstaaten 2005 verabschiedet wurde. Vor Abschluss der Dekade wurde 2013 auf der Weltkonferenz Rio+20 empfohlen, Bildung für Nachhaltigkeit über die Dekade hinaus zu fördern. 2013 wurde von der UNESCO das Weltaktionsprogramm (WAP) 2015-2019 als Fortsetzungsprogramm ausgearbeitet.

Das oberste **Lernziel** in der bundesdeutschen Diskussion um →Bildung für nachhaltige Entwicklung wurde das Konzept der Gestaltungskompetenz entwickelt. (Michelsen, Fischer 2017, S. 9) Dabei wird unter Gestaltungskompetenz die Fähigkeit bezeichnet, Wissen über nachhaltige Entwicklung anzuwenden, und Probleme, resultierend aus nicht nachhaltiger Entwicklung, erkennen und lösen zu können. Das bedeutet die Möglichkeit, aus Gegenwartsanalysen und Zukunftsstudien Schlussfolgerungen über ökologische, ökonomische und soziale Entwicklungen, d. h. aus der Dreidimensionalität nachhaltiger Entwicklung in ihrer wechselseitigen Abhängigkeit ziehen zu können. Darauf aufbauend soll es möglich sein, Entscheidungen zu treffen und diese individuell, gemeinschaftlich und politisch umsetzen zu können.

In vielen Bundesländern wurden modellhafte Vorhaben konzipiert und Projekte umgesetzt. Sie sind in ihrer Zielsetzung oft unterschiedlich ausgerichtet und wenden sich oft nur Teilbereichen von Bildung für nachhaltige Entwicklung zu: Klimaschutz in Baden-Württemberg, Hamburg und Thüringen oder Schlüsselkompetenzen in Bayern. (BMBF 2002, S. 17)

Eines von vielen Beispielen ist das Projekt „Tatengarten": das informelle Bildungsprojekt einer Gruppe von etwa 30 Personen ist in Wiesbaden angesiedelt. Die Gruppe hat sich in einem „Schulgarten für lebenslanges Lernen" selbst organisiert und erschließt sich autodidaktisch verschiedene Aspekte der Nachhaltigkeit. Sie geben dies an andere Menschen weiter. Die Gruppe ist für alle interessierten aus der Gesellschaft offen und die Teilnahme ist kostenlos. (Michelsen, Fischer 2017, S. 40)

Universitäten haben im Kontext von Bildung für nachhaltige Entwicklung ebenfalls ein großes Potential. Sie nehmen im Prinzip in einer Gesellschaft bei der Förderung nachhaltiger Entwicklung eine Schlüsselrolle ein. Dazu gibt es in der wissenschaftlichen Community einen breiten Konsens (Amaral et al. 2015, S. 155ff, v. Hauff, Nguyen 2018, S. 315).

Dieser Aufgabe kommen viele Hochschulen in Deutschland jedoch noch nicht in dem gewünschten bzw. möglichen Maße nach. So haben bisher nur weniger als 10 Prozent eine qualifizierte Nachhaltigkeitsstrategie, die auch entsprechend konsequent umgesetzt wird.

Literaturtipp:
Die Universitäten als Förderer nachhaltiger Entwicklung werden detailliert im Beitrag „Universitäten als Förderer nachhaltiger Entwicklung" – erschienen im Buch „Fortschritte in der Nachhaltigkeitsforschung" – dargestellt. Sowohl der Beitrag als auch das gesamte Buch stammen von Michael von Hauff und Thuan Nguyen. Das Buch ist 2018 im Nomos-Verlag erschienen.

Wie darf man sich die Umsetzung strategischer Nachhaltigkeitsziele durch Hochschulen vorstellen?

Dabei gibt es für Hochschulen vier Bereiche der Umsetzung: Lehre, Forschung, Verwaltung und Wissensvermittlung in die Gesellschaft (v. Hauff, Nguyen 2018, S. 315ff). Wie schon erwähnt nehmen hier die Universität Lüneburg und die Hochschule für nachhaltige Entwicklung Eberswalde eine herausgehobene Position ein. Dabei weist Eberswalde eine besondere geschichtliche Vergangenheit auf, indem sie eigentlich auf den Begründer nachhaltiger Entwicklung, den schon erwähnten Freiberger Oberberghauptmann Hannß Carl von Carlowitz, zurückgeht.

So ist der Standort Eberswalde seit 190 Jahren der nachhaltigen Forschung und Lehre verpflichtet: die Hochschule für nachhaltige Entwicklung Eberswalde (HNEE) wurde 1830 als Höhere Forstlehranstalt gegründet. Es gibt aber auch eine Reihe von einzelnen Projekten, die Beachtung gefunden haben. So wurde an dem Fernstudienzentrum der Technischen Universität Kaiserslautern vor zehn Jahren der berufsbegleitende Fernstudiengang „Nachhaltige Entwicklungszusammenarbeit" aufgebaut, der von der UNESCO mehrfach ausgezeichnet wurde.

Wie kommt es zu nachhaltigem Konsum?

Nachhaltiger →Konsum erfährt in der Öffentlichkeit eine wachsende Bedeutung. Dennoch dominiert in den Wirtschaftswissenschaften, aber auch bei vielen Konsumenten in ihrem täglichen Verhalten, die Konsumentensouveränität. Daher erscheint es sinnvoll sich zunächst den beiden Ansätzen der Konsumentensouveränität und dem nachhaltigen Konsum getrennt zuzuwenden (v. Hauff, Jörg 2017, S. 40). Somit lässt sich auch das eigene Konsumverhalten besser reflektieren. Die Frage ist also zunächst, was bedeutet **Konsumentensouveränität**, warum dominiert sie auch heute noch und wie kommen wir zu mehr nachhaltigem Konsum?

Der englische Ökonom Hutt führte 1936 den Begriff der *„consumer souvereignty"* ein. Er begründete ihn wie folgt:

„The consumer is sovereign when, in his role of citizen, he has not delegated to political institutions for authoritarian use the power which he can exercise socially through his power to demand (or refrain from demanding)." (Hutt 1936, S. 257)

Sein Verständnis von Konsumentensouverönität basiert demnach auf der Grundlage von Freiheit und Gerechtigkeit, was auch heute noch relevant ist. So werden die Wahlfreiheit und Selbstbestimmung, die Konsumentensouveränität ausmacht, als hohe Güter angesehen (Sturn 2013, S. 16). Sie gewährt in dem vielfach reglementierten Umfeld der Bürger einen relativ hohen Grad an persönlicher Wahlfreiheit. Viele Konsumenten haben daher ein hohes Interesse sich diesen Freiraum zu erhalten.

Hierzu stellt Lerch allerdings fest, dass persönliche Freiheiten dort zu begrenzen sind, wo die Rechte anderer auch zukünftig lebender Menschen bzw. Generationen negativ berührt werden. (Lerch 2010, S. 184)

Somit befinden sich die Konsumenten in einer widersprüchlichen Situation: einerseits haben sie ein Recht auf Wahlfreiheit und Selbstbestimmung und andererseits sind Grenzen zum Schutz der Gemeinschaft notwendig. Im Prinzip geht es hier also um den Gegensatz zwischen individueller Nutzenmaximierung, die ein wichtiges Paradigma in der Ökonomie ist und gesellschaftlicher Verantwortung als Paradigma nachhaltiger Entwicklung. (v. Hauff 2014, S. 22) Daraus begründen sich zwei Fragestellungen:

- Wann ist der Staat im konkreten Fall legitimiert in die Konsumentensouveränität einzugreifen, was in der Regel zu Einschränkungen der Persönlichkeitsrechte von Menschen führt?
- Unter welchen Voraussetzungen trägt die Einschränkung der Konsumentensouveränität z. B. durch die Verringerung des Ausstoßes von CO_2 zu einer Verbesserung der Lebensqualität der Gemeinschaft bei?

Warum spielt der Konsum eine so entscheidende Rolle?

Unter →Konsum versteht man oft den gesamtwirtschaftlichen Konsum. Bei diesem Verständnis führt ein wachsender Konsum zu mehr Wachstum und somit auch zu mehr Umweltbelastung, was unerwünscht ist. Hier ist jedoch eine Differenzierung erforderlich, die schon in Richtung nachhaltiger Entwicklung geht. Es geht um die Frage, welche Konsumgüter zu einer ökologischen und/oder sozialen Belastung beitragen. So gibt es Güter und Dienstleistungen, deren Wachstum positiv zu beurteilen ist. Dazu gehören beispielsweise →Bildung, Pflegedienstleistungen sonstige gesundheitspolitische Leistungen, aber auch Bio Produkte und regenerative Energie, die nur eine geringe Umweltbelastung aufweisen. Es handelt sich also um Konsumgüter die gesellschaftspolitisch erwünscht sind und somit bereits nachhaltigem Konsum zugeordnet werden können.

Auf der Grundlage des Brundtland-Berichts definiert Balderjahn nachhaltigen Konsum wie folgt: nachhaltig zu konsumieren bedeutet, die eigenen Bedürfnisse zu befriedigen, ohne die Lebens- und Konsummöglichkeiten anderer Menschen und zukünftiger Generationen zu gefährden. (Balderjahn 2013, S. 202)

Auch in diesem Zusammenhang ist darauf hinzuweisen, dass bereits in der →Agenda 21 aus dem Jahr 1992 gefordert wurde, sich gezielt mit nicht nachhaltigen Konsumgewohnheiten auseinanderzusetzen und die Politik gefordert ist auf eine Veränderung nicht nachhaltiger Konsumgewohnheiten hinzuwirken.

Welche Bevölkerungsgruppen neigen besonders zu nicht nachhaltigem Konsum?

Empirische Studien weisen z. B. nach, dass Milieus der Oberschicht und oberen Mittelschicht sich überdurchschnittlich umweltbewusst generieren und gleichzeitig den höchsten Ressourcenverbrauch und sonstige Umweltbelastungen verursachen (Kleinhückelkotten et al. 2016): Sie verursachen z. B. durch das Fahren großer Autos wie SUVs überdurchschnittlich hohe Emissionen und weisen überdurchschnittlich viele Flüge und eine hohe Nachfrage u. a. nach Kleidung auf.

Linktipp:
Einen breiten Überblick zu nachhaltigem Konsum geben

- der Beitrag „Nachhaltiger Konsum in Zeiten des Klimawandels" von I. Weller (erschienen 2014 in Buch „Nachhaltige Entwicklung. Aus der Perspektive verschiedener Disziplinen" von Michael von Hauff) und
- das Buch „Nachhaltiger Konsum" von Daniel Fischer und Michael von Hauff aus dem Jahr 2017.

Außerdem geben das Online-Magazin Viertel vor (www.viertel-vor.com) und Utopia.de Tipps zu nachhaltigem Konsum und Lifestyle. Bei Rethinknation auf ▶ YouTube gibt es diese in Videoform.

Welche Ziele werden im Allgemeinen mit Konsum verfolgt?

In diesem Kontext gibt es die Diskussion, bis zu welchem Grad →Konsum das Glücksgefühl steigert. Es wurde schon früh darauf hingewiesen, dass Konsum zunehmend zu einem Statussymbol geworden ist. So hat der amerikanische Soziologe Thorsten Veblen vom Geltungskonsum der Oberschicht der USA gesprochen. Er versteht unter „demonstrativem Verbrauch" ein Verbraucherverhalten, das oft weit über die Erfüllung von Primärbedürfnissen hinausgeht (Veblen 2009).

Daher fordert die →Agenda 2030 im Rahmen der Umsetzung des Zehnjahresprogrammrahmens für nachhaltige Konsum- und Produktionsmuster das Erreichen einer nachhaltigen Bewirtschaftung und effizienten Nutzung natürlicher →Ressourcen sowie eine Halbierung der weltweiten Nahrungsmittelverschwendung pro Kopf. Bis 2020 soll ein umweltverträglicher Umgang mit Chemikalien und Abfällen erreicht und deren Freisetzung erheblich verringert werden (v. Hauff, Schulz, Wagner 2018, S. 44).

Wie kann man sich über nachhaltigen Konsum informieren?

Ein Meilenstein auf nationaler Ebene ist das vom Bundeskabinett beschlossene „Nationale Programm für nachhaltigen Konsum". Das Programm basiert auf fünf Leitideen:

1. Verbraucherinnen und Verbraucher einen nachhaltigen Konsum ermöglichen;
2. nachhaltigen Konsum von der Nische zum Mainstream befördern;
3. Teilhabe aller Bevölkerungsgruppen an nachhaltigem Konsum gewährleisten;
4. Lebenszyklus-Perspektive auf Produkte und Dienstleistungen anwenden;
5. vom Produktfokus zur Systemsicht und vom Verbraucher zum Nutzer.

Nachhaltiger →Konsum wird heute schon in vielfältiger Form praktiziert. Es ist jedoch noch kein gesellschaftliches Ereignis, sondern beschränkt sich überwiegend auf Initiativen einzelner Personen oder Gruppen. Ein Bereich ist die Kleidung. Zu erwähnen sind Kleidertauschpartys oder Bazare für Kinderkleidung. Dabei wird oft noch gute erhaltene gebrauchte Kleidung weiterverkauft. Zu nennen ist auch die Reparaturwirtschaft als Alternative zur Entsorgung besonders von elektronischen Geräten (Zechel, Ertel 2007, S. 239 ff; Schmidbauer 2020). Auch die **Mobilität** bietet Formen nachhaltigen Konsums wie Carsharing-Angebote an. Diese Form des Teilens von Konsumgütern gibt es auch in anderen Bereichen wie bei Werkzeugen und Spielsachen.

Linktipp:

Auf www.lifeverde.de präsentieren sich grüne Unternehmen, Vereine und NGOs; über die Suchfunktion kannst du auch grüne Geschäfte in deiner Nähe suchen.

Mehr über Strategien für eine Mobilität von morgen gibt es auf dem Blog www.zukunft-mobilitaet.net Hier schreibt der Raumplaner Martin Randelhoff umfassend über alle verkehrsrelevanten Themen.

Welche Bereiche bieten sich für nachhaltigen Konsum noch an?

Die Ernährung bietet ebenfalls eine breite Palette nachhaltigen Konsums an. Ein zentraler Begriff ist das **Foodsharing**, das in verschiedenen Kontexten praktiziert wird: Menschen stellen anderen Lebensmittel zur Verfügung, die sie nicht brauchen. Neben Privatpersonen gibt es auch Restaurants, Bäcker oder Supermärkte, die nach Ladenschluss ihre unverkäufliche Ware zur Verfügung stellen und so Foodsharing praktizieren. Eine weiterhin gut etablierte Form des Foodsharing sind sogenannte Tafeln, wo einkommensschwache Personen Lebensmittel erhalten können (Fischer, v. Hauff 2017, S. 39). Schließlich sind noch die vielfältigen Produkte von →Fair Trade zu nennen, die in den vergangenen Jahren eine zunehmende Nachfrage erfahren haben. (v. Hauff, Claus 2017)

Linktipp:
Übriggebliebene Lebensmittel können über die Initiative www.foodshar ing.de abgegeben werden. Über ein Netzwerk werden sie wieder verteilt.

Mit welchen Auswirkungen müssen wir rechnen, wenn wir uns dem nachhaltigen Konsum verweigern?

Nicht nachhaltiger →Konsum hat vielfältige Auswirkungen. Dabei sollte stärker der Klimawandel mit einbezogen werden. Der Rat für Nachhaltige Entwicklung (RNE) stellt hierzu fest:

„Tag für Tag tun wir jede Menge Dinge, die mit darüber entscheiden, ob das Klima geschützt, knappe Ressourcen geschont oder Menschenrechte geachtet werden. ... Konsumentinnen und Konsumenten haben Macht, denn mit ihren Konsum- und Lebensgewohnheiten können sie das Angebot beeinflussen und ganze Branchen umkrempeln.“ (RNE)

So gibt es eine Reihe von Studien, die klimarelevante Konsumbereiche aufzeigen. Etwa 70 Prozent fallen auf folgende Bereiche (Weller 2014, S. 80)

- **Ernährung**: Fleisch- Milchprodukte,
- **Wohnen**: Heizen, Warmwasser, energieverbrauchende Haushaltsgeräte, Bau von Gebäuden,

- **Mobilität:** Auto, Luftverkehr.

Berücksichtigt man den Strukturwandel der Wirtschaft, so ist z. B. festzustellen, dass die →Digitalisierung heute schon eine CO_2-Bilanz aufweist, die dem weltweiten Flugverkehr – mit steigender Tendenz – entspricht. Gleichzeitig bietet die Digitalisierung auch positive Entwicklungsmöglichkeiten nachhaltigen Konsums. Zu nennen sind beispielsweise nicht-kommerzielle Tausch- und Sharing-Plattformen oder Plattformen, die auf den Verkauf nachhaltiger Produkte ausgerichtet sind. (Homburg 2020) Für interessierte Konsumenten ist es in jedem Fall nützlich bzw. sinnvoll sich über den aktuellen „Nachhaltigen Warenkorb" des Rates für Nachhaltige Entwicklung zu informieren. (www.nachhaltiger-warenkorb.de)

Wie kommt es zu nachhaltigen Innovationen?

Innovationen sind in den Wirtschaftswissenschaften aber auch in dem Kontext nachhaltiger Entwicklung von großer Bedeutung. Dennoch begründet sich die Relevanz der beiden Innovationsansätze sehr unterschiedlich. Aus ökonomischer Sicht sind Innovationen immer dann erwünscht, wenn eine neue Produktionstechnik oder ein neues Produkt auf dem Markt erfolgreich ist. Aus der Perspektive nachhaltiger Entwicklung werden Innovationen dann positiv bewertet, wenn alle drei Dimensionen Wirtschaft, Umwelt und Soziales bei der Entstehung und dem Einsatz von →Innovationen berücksichtigt werden.

Welche Theorie liegt den Überlegungen zu nachhaltigen Innovationen zugrunde?

Der Ökonom Joseph **Schumpeter** gilt in den Wirtschaftswissenschaften als Begründer der modernen Innovationsforschung. Nach ihm sind kreative Unternehmer daran interessiert Innovationen hervor zu bringen, da nur ihnen durch ihre neu entwickelten Produktionsanlagen oder Produkte Gewinne zukommen, solange sie damit eine „Monopolstellung" einnehmen. Daher spricht man auch von den Monopolgewinnen, die Unternehmer aus ihren Innovationen erzielen können. Daraus begründet sich wesentlich die Dynamik marktwirtschaftlicher Systeme. (Schumpeter 1964)

Die neuere Innovationsforschung geht weniger von einzelnen Unternehmern als Initiatoren von Innovationen aus als vielmehr von Innovationssystemen. Einem Innovationssystem liegt das Netzwerk-Modell zu Grunde, bei dem in erster Linie Unternehmen, Forschungseinrichtungen und der Staat zusammenwirken. (Freeman 1987, Pyka, Urmetzer 2017) Dabei werden internationale, nationale und regionale Netzwerke unterschieden. Der Erfolg von Innovationssystemen hängt wesentlich von dem Bildungssystem, d.h. von Investitionen aber auch von der Qualität bildungspolitischer Konzepte ab.

Technische Innovationen, die auf einen wirtschaftlichen Gewinn abzielen, hatten lange Zeit eine eindeutige Dominanz. Daraus erklärt sich auch, dass der Pfad nachhaltiger Entwicklung zunächst ganz wesentlich auf innovative umweltfreundlichere Technologien ausgerichtet war. (v. Hauff 2021, S. 76ff) Dabei ging es hauptsächlich um Produktionstechnologien, die zu einer Einsparung von Energie und →Ressourcen führten bzw. weniger Emissionen erzeugten.

Bei **ökologischen Innovationen** kam es in Anlehnung an die traditionelle Unterscheidung von Innovationen zwischen den Bereichen Management-, Produkt-, Prozess- und technologische Innovationen. (Blind, Quitzow 2017, S. 19) Es besteht heute ein breiter Konsens, dass Innovationskapazitäten in Unternehmen im Kontext von Nachhaltigkeit erst durch einen strategischen CSR-Ansatz (Corporate Social Responsibility) optimal ausgeschöpft werden können. (Altenburgr 2015, S. 597)

Ökologische Innovationen wurden von Ar konkret in die Entwicklung grüner Technologien, Produkte oder Konzepte klassifiziert. (Ar 2012) Schließlich wurde dann in der Literatur noch die soziale Dimension in das Konzept nachhaltiger Innovationen eingeführt, da sie eine stärker integrierende Sichtweise ermöglichen. (Adams et al. 2016) Hierzu gehören beispielsweise Veränderungen in der Lieferkette im Sinne der Beschaffung von Produkten nach ethischen Gesichtspunkten und Aspekten der Fairness. Somit sind nachhaltige Innovationen für Strategien zur Erreichung nachhaltiger Konsumgewohnheiten und Produktionssysteme von zentraler Bedeutung.

Literaturtipp:
Zur Vertiefung nachhaltiger Innovationen wird ein Beitrag von K. Blind und R. Quitzow aus dem Jahr 2017 empfohlen. Er lautet „Nachhaltige Innovationen – Aktueller Stand der Forschung und Ausblick aus innovationsökonomischer Perspektive" und ist in dem Buch „CSR und Nachhaltige Innovation: Zukunftsfähigkeit durch soziale, ökonomische und ökologische Innovationen (Management-Reihe Corporate Social Responsibility)" erschienen. Herausgeber sind Gesa Gordon und Astrid Nelke. Der Verlag ist Springer/Gabler.

Wie lassen sich nachhaltige Innovationen an dem Beispiel der Digitalisierung verdeutlichen?

Die →Digitalisierung gilt heute global als einer der bedeutendsten Innovationsbereiche der alle Lebensbereiche betrifft. Ihre Relevanz wird primär mit der Erhaltung oder Stärkung der Wettbewerbsfähigkeit von Volkswirtschaften begründet. Plakativ formuliert: wer die **Digitalisierung** nicht vorantreibt, wird im internationalen Wettbewerb verlieren. Danach hängt also die wirtschaftliche Entwicklung einer Volkswirtschaft wesentlich von der Dynamik der Digitalisierung ab.
In jüngerer Vergangenheit wird Digitalisierung auch aus der Perspektive nachhaltiger Entwicklung betrachtet. Das wird auch in einer Stellungnahme Der Bundesregierung deutlich:

> *„Der digitale Wandel verändert unsere Art zu leben, zu arbeiten und zu lernen fundamental und mit rasanter Geschwindigkeit. Wir, die Bundesregierung, wollen diesen Wandel gestalten und unser Land auf die Zukunft bestmöglich vorbereiten. Im Mittelpunkt steht: Was bringt die Digitalisierung dem Einzelnen? Und: Wie erhalten und stärken wir die Werte unserer freiheitlich demokratischen Grundordnung im digitalen Zeitalter? Hierzu hat die Bundesregierung wichtige Maßnahmen entwickelt und in der vorliegenden Umsetzungsstrategie zusammengefasst. Ziel ist es, die Lebensqualität für alle Menschen in Deutschland weiter zu steigern, die wirtschaftlichen und ökologischen Potenziale zu entfalten und den sozialen Zusammenhalt zu sichern." (Bundesregierung 2019, S. 4)*

In den Ausführungen werden alle relevanten Bereiche von Wirtschaft, Politik, Gesellschaft aber auch ökologische Bereiche wie

- „Potenziale der Digitalisierung für den Klimaschutz",
- „Potenziale der Digitalisierung für umweltverträgliches Leben in Stadt und Land",
- „Nachhaltiger Konsum im Kontext der Digitalisierung" und
- „Potenziale der Digitalisierung für den Ressourcenschutz"

aufgeführt und Zielvorgaben formuliert. Es werden aber auch die Stärkung des digitalen Wandels in Entwicklungsländern und die Förderung der internationalen Sicherheit durch internationale Cyber-Sicherheitspolitik aufgeführt. Die Digitalisierung bietet also vielfältige Möglichkeiten zur Erreichung bzw. Umsetzung der →Agenda 2030. So kann die Digitalisierung zu einem wichtigen Werkzeug nachhaltiger Entwicklung werden. (Spraul, Friedrich 2019, S. 21)

Ist die Digitalisierung also schon heute ein Vorteil für die Nachhaltigkeit?

Die →Digitalisierung ist bisher wesentlich auf die wirtschaftlichen Chancen und noch zu wenig auf Problembereiche der Nachhaltigkeit ausgerichtet. Weiterhin mangelt es noch an einer kohärenten Vernetzung der Bereiche und Ziele (v. Hauff, Reller 2020). Hier setzt das Gutachten des „Wissenschaftlichen Beirats der Bundesregierung Globale Umweltveränderung" an. Dort wird festgestellt, „dass die Digitalisierung so gestaltet werden muss, dass sie als Hebel und Unterstützung für die große Transformation zur Nachhaltigkeit dienen und mit ihr synchronisiert werden kann." (WBGU 2019, S. 1)

Es muss gelingen, so die Forderung, die digitalen Umbrüche in Richtung Nachhaltigkeit auszurichten. In diesem Zusammenhang gibt es noch viele Bereiche die zu berücksichtigen bzw. zu gestalten sind.

Gibt es für nachhaltige Digitalisierungsinnovationen Beispiele?

Ja, ich beschreibe zwei:

Erstes **Beispiel** – Digitalisierung und Ressourcenverbrauch:
Die Digitalisierung verursacht für die digitale *„Hardware"* einen enormen Energie- und Ressourcenverbrauch in Form von metallischen Rohstoffen (seltene Erden und Metalle). Dabei ist zu berücksichtigen, dass die globale Digitalisierung sich auch in Zukunft durch eine hohe Dynamik auszeichnen wird. Bei der Herstellung von Energie, die im Rahmen der Digitalisierung verbraucht wird, entstehen weltweit – wie bereits erwähnt – so viele CO_2-Emissionen wie für den globalen Flugverkehr. Für die zunehmende Nachfrage nach Digitalisierungs-Hardware müssen z. B. in naher Zukunft weitere Kupferminen erschlossen werden. Es entstehen externalisierte Kosten und Effekte, da für 1 Tonne Rohkupfer ca. 80 Tonnen Frischwasser gebraucht, 3 Tonnen CO_2 emittiert und riesige giftige Tailing-Halden (aufgeschüttete Rückstände des Abbaus) entstehen werden. (v. Hauff, Reller 2020)

Ein weiteres **Beispiel**:
In Norwegen gibt es *Lefdal Mine Datacenter,* eines der modernsten und größten Rechenzentren der Welt. Es wird ausschließlich mit erneuerbaren Energien versorgt. Es hat durch seine moderne Technik einen vergleichsweise sehr geringen Stromverbrauch. Der Stromverbrauch wird dennoch auf 200 MW geschätzt. Bei voller Leistung rund um die Uhr entsteht ein Stromverbrauch von 1,75 TWh. Das entspricht dem jährlichen Stromverbrauch einer mittelgroßen Stadt wie Augsburg mit 230.000 Einwohnern. Positiv festzustellen bleibt, dass es ausschließlich über regenerative Energie versorgt wird. (Reller 2020)

Gibt es Lösungsstrategien zur Verringerung der potenziellen Probleme der Digitalisierung?

Noch besteht die Gefahr, dass nachhaltige Lösungen der Dynamik der →Digitalisierung hinterherlaufen werden. Lösungsansätze sind u. a. die Speicherkapazität regenerativer Energie zu erhöhen, die Weiterentwicklung von Recyclingverfahren, ein kreislaufwirtschaftlich konzipiertes Ressourcenmanagement, die Entwicklung von grünen, d. h. energie- und ressourcensparsameren Digitalisierungstechnologien und die Substitution knapper →Ressourcen durch neue Materialien. Die meisten Lösungsstrategien erfordern jedoch noch große Forschungsanstrengungen.

Und wie wirkt sich die Digitalisierung auf den Arbeitsmarkt aus?

Die Effekte der →**Digitalisierung** auf die Beschäftigung sind bis heute umstritten. Frey und Osborne (2017) kommen zu der Schlussfolgerung, dass für 47 Prozent der Arbeitskräfte in den USA ein hohes Risiko besteht, innerhalb der nächsten ein bis zwei Jahrzehnte ihre Beschäftigung zu verlieren. Dabei geht es primär um Routinetätigkeiten. Neuere Forschungsergebnisse kommen jedoch zu der Schlussfolgerung, dass auch komplexe Nicht-Routinetätigkeiten wegfallen können. (Blien 2020)

Es gibt jedoch eine Besonderheit: Zu der Einsparung an Arbeitskräften durch Digitalisierung gibt es einen entgegen wirkenden, d. h. kompensierenden Effekt. Es entstehen also in anderen Bereichen neue Arbeitsplätze, wodurch der negative Arbeitsmarkteffekt der Digitalisierung bisher nicht so stark zur Wirkung kommt.

Und welche der beiden konträren Wirkungen des Digitalisierungstrends auf den Arbeitsmarkt gewinnt die Oberhand?

Es wird erwartet, dass sich in Zukunft Freisetzungs- und Kompensationseffekte etwa die Waage halten. Hierbei handelt es sich um empirische Befunde, für die es keine allgemeingültigen ökonomischen Erklärungen gibt. Bisher geht man jedoch davon aus, dass die Wirtschaft noch ein hohes, bisher ungenutztes Potenzial der Nutzung von →Digitalisierung aufweist (v. Hauff 2020). Das gilt besonders für die komplexen nicht-routine Aufgaben die von der Digitalisierung übernommen werden können. In nächster Zukunft werden jedoch die Routineaufgaben das bevorzugte Einsatzfeld von Computertechnik sein.

Es ist zu erwarten, dass die zukünftige Einführung digitaler Technologie z. B. im Rahmen von Industrie 4.0 und künstlicher Intelligenz mit einem starken Strukturwandel verbunden ist, wobei für die Bundesrepublik ein Nettoeffekt nahe Null erwartet wird. (Dauth et al. 2018) Dadurch kommt es zu massiven Umstrukturierungen der Beschäftigung. Dabei gilt: Das Gewinnmotiv ist gegenüber solchen Entwicklungen für die Beschäftigten bisher noch „blind".

Gibt es aufgrund des Arbeitsmarktrisikos politischen Handlungsbedarf?

Es sind für die soziale Dimension der Nachhaltigkeit arbeitsmarktpolitische Lösungen notwendig, die Probleme für die Beschäftigten abfedern (Blien 2020). Bei einer wachsenden **Arbeitslosigkeit** durch →Digitalisierung steht ein umfangreiches arbeitsmarktpolitisches Instrumentarium, wie z. B. Umschulungen zur Verfügung. Im Rahmen der Wirtschaftspolitik können Bereiche gefördert werden, in denen ein Arbeitskräftemangel wie im Gesundheitswesen, in der Altenbetreuung und im Handwerk besteht.

Literaturtipp:
Die Herausforderungen nachhaltiger Digitalisierung werden in dem Sammelband von Michael v. Hauff und Armin Reller aus verschiedener Perspektiven beleuchtet: „Nachhaltige Digitalisierung – eine noch zu bewältigende Zukunftsaufgabe".

Wie kommt es zu nachhaltigem Wachstum?

Wirtschaftliches Wachstum bzw. der Indikator Bruttoinlandsprodukt (BIP) gilt bis heute als Indikator für die wirtschaftliche Entwicklung bzw. Dynamik einer Volkswirtschaft. Dieser →Indikator wurde auch in das SDG 8 aufgenommen, wie schon kritisch angemerkt wurde. Ein steigendes BIP hat positive Auswirkungen auf den Arbeitsmarkt, auf die sozialen Sicherungssysteme und für das staatliche Budget. Da die Aufgaben des Staates tendenziell steigen, ist daher auch ein steigendes Budget erwünscht. Daraus begründet sich die starke Abhängigkeit eines marktwirtschaftlichen Systems von der Entwicklung des wirtschaftlichen Wachstums, wie in Krisenzeiten besonders deutlich wird.

Den Befürwortern von Wachstum stehen jedoch in zunehmendem Maße auch Kritiker gegenüber. So hat – wie schon erwähnt – Mishan bereits 1967 in seinem Buch mit dem Titel „The Costs of Economic Growth" negative Folgen wirtschaftlichen Wachstums aufgezeigt. Die aktuelle Kontroverse zeichnet sich dadurch aus, dass sie von den Wachstumsbefürwortern und den Wachstumsgegnern weiter ausdifferenziert wird. Die Befürworter sehen im Wachstum die Chance für mehr Wohlstand und Stabilisierung marktwirtschaftlicher Systeme. Die Gegner sehen im Wachstum das Risiko zur weiteren Umweltbelastung und zu einer zunehmenden Verteilungsdisparität von Einkommen und Vermögen. Es ist zu erwarten, dass sich diese Kontroverse in Zukunft weiter verschärft. Denn einige Befürworter wirtschaftlichen Wachstums nehmen zwar die ökologischen Risiken wahr und plädieren für eine Verringerung der Umweltbelastungen (Weder di Mauro 2008). Unter Berücksichtigung dieser Risiken sehen sie im wirtschaftlichen Wachstum jedoch weiterhin große Chancen den Wohlstand der Menschen zu erhöhen. Bei den Kritikern wirtschaftlichen Wachstums gibt es Vertreter, die Wachstum grundsätzlich ablehnen (Jackson 2017) oder sogar eine Reduzierung von Wachstum fordern (Latouche 2009 und 2015).

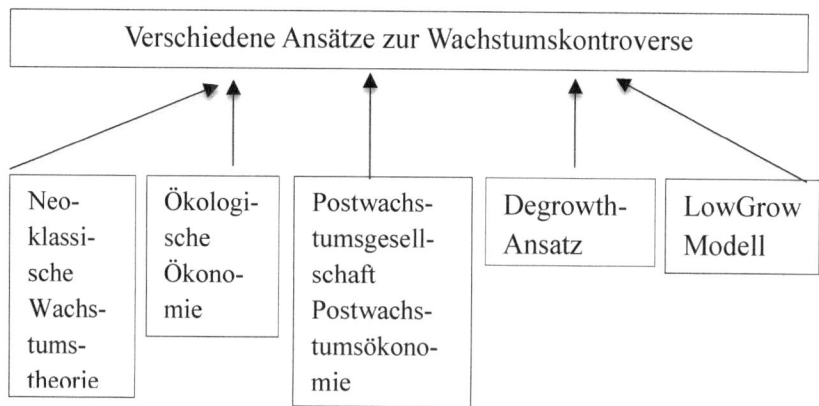

17 | Verschiedene Ansätze zur Wachstumskontroverse
Quelle: eigene Darstellung

Die Abbildung zeigt, dass sich bei der Wachstumskontroverse im Prinzip fünf Ansätze unterscheiden lassen. Die Vertreter der neoklassischen Wachstumstheorie erachten Wachstum als zentrale Voraussetzung für eine stabile wirtschaftliche Entwicklung bzw. wachsenden Wohlstand und werden als **Wachstumsbefürworter** bezeichnet. Im Mainstream der Ökonomie gibt es jedoch gewisse Abstufungen. So wird in einigen Ansätzen bzw. Modellen Wachstum und Umweltanforderungen zusammengeführt, wobei das Wachstum weiter dominiert.

Die anderen vier Ansätze sind dagegen eindeutig **wachstumskritisch** ausgerichtet und fordern eine Wirtschaft ohne Wachstum bzw. mit schrumpfendem Wachstum (Degrowth Ansatz). Die gemeinsame Grundlage ist: Wachstum führt zu einer zunehmenden **Umweltzerstörung** und gefährdet damit die existenzielle Grundlage des Menschen (life support system). Einige Ansätze von Wachstumsgegnern begründen das Risiko von Wachstum auch damit, dass Wachstum zu einer ständigen Steigerung von →Konsum beiträgt und dies nicht grundsätzlich zu einer Erhöhung des Wohlstandes, sondern zu einer Beeinträchtigung des Wohlbefindens führen kann. (Eine ausführliche Darstellung vergleiche v. Hauff, Jörg 2017.)

Sowohl die Wachstumsbefürworter als auch die Wachstumsgegner gehen von einem gesamtwirtschaftlichen Wachstum aus. Der Indikator hierfür ist das Bruttoinlandsprodukt. Dieser gemeinsame Ausgangspunkt ist insofern problematisch, als nur in Ausnahmefällen eine gesamte Volkswirtschaft wächst. In der Realität gibt es vielmehr Branchen, die mehr oder weniger stark wachsen, solche die stagnieren und jene Branchen, die schrumpfen.

Betrachtet man weiterhin die Beziehung zwischen Wachstum und Umwelt, so ist zu berücksichtigen, dass es bei den **Wachstumsbranchen** einige gibt, die im Rahmen von Emissionen stark umweltbelastend sind wie Mobilität, Energieproduktion aus fossilen Rohstoffen, Zement- und Aluminiumproduktion, aber auch die Landwirtschaft und die →Digitalisierung. Sie tragen wesentlich zur Verschärfung der Umweltbelastung bzw. des Klimawandels bei. Es gibt andere Sektoren, die nur zu einer geringen Umweltbelastung beitragen. Es gibt Wachstumsbranchen wie beispielsweise das Gesundheitswesen, den Pflegebereich inklusive Altenpflege und Biolandwirtschaft, die ökologisch weitgehend unproblematisch und aus ökonomischer und sozialer Perspektive grundsätzlich wünschenswert sind. Daher sind Forderung nach einem Null-Wachstum bzw. Degrowth zu überdenken.

Wie wirkt sich ein Null-Wachstum und Degrowth auf die wirtschaftliche Entwicklung aus?

Das ist aus der Perspektive der Dreidimensionalität nachhaltiger Entwicklung zu betrachten: Der kanadische Ökonom Victor hält vielen Vertretern einer Wirtschaft ohne Wachstum bzw. eines schrumpfenden Wachstums vor, dass sie zu ihrer Forderung ohne die Anwendung entsprechender Modelle und der Berücksichtigung empirischer Methoden der modernen Ökonomie kamen. Sie beschränken sich vielmehr auf qualitative Informationen, um ihre Argumente illustrieren bzw. belegen zu können.

Daher hat er im Rahmen eines computergestützten Modells für die kanadische Wirtschaft die Auswirkungen eines **Null-Wachstums** in drei Wachstumsszenarien untersucht. Seine Ergebnisse wurden im Rahmen einer Untersuchung für Deutschland bestätigt (Gran 2017). Die Ergebnisse von Victor zeigen, wie sich Indikatoren wie die Arbeitslosenquote die Armutsquote, das Pro-Kopf-Bruttoinlandsprodukt, die Verschuldungsquote und die Treibhausgasemissionen in den dem Zeitraum von 2005-2035 abhängig von der Höhe des Wirtschaftswachstums entwickeln. (Victor 2008)

- **Szenario 1 (business as usual):** in diesem Szenario geht er davon aus, dass sich das Bruttoinlandsprodukt, ähnlich wie in den vergangenen 25 Jahren, weiterentwickelt und die Wirtschaftspolitik sich nicht wesentlich verändert. Bei einem jährlichen Wachstum von 2,5 Prozent würden die gesellschaftlichen Probleme wie die Arbeitslosenquote auf etwa dem gleichen Niveau bleiben, während die Armut und öffentliche Verschuldung ansteigen würden und die Treibhausgasemissionen um 80 Prozent zunehmen.
- **Szenario 2 (no and low growth):** In diesem Szenario verlangsamt sich das das Wachstum stark bzw. kommt ganz zum Erliegen. Es kommt zu keinen kompensierenden politischen Maßnahmen durch den Staat. Die gesamtwirtschaftliche Entwicklung wäre verheerend. Das Pro-Kopf-Bruttoinlandsprodukt würde stagnieren, die Armut, die Arbeitslosigkeit und die Verschuldung würden stark ansteigen, wodurch soziale Unruhen zu erwarten wären. Diesen Zustand bezeichnet er als *„no grow disaster".*

- **Szenario 3 (low growth):** das Szenario zeigt, dass gesellschaftlicher Wohlstand auch ohne Wachstum zu erreichen ist. Er geht von der Annahme aus, dass das Pro-Kopf-Bruttoinlandsprodukt zunächst sehr viel langsamer wächst und dann ab dem Jahr 2028 völlig stagniert. Es kommt zu staatlichen Maßnahmen wie eine Einkommensumverteilung und anderen Regierungsprogrammen sowie die Verringerung der wöchentlichen Arbeitszeit. Folge: die Arbeitslosen- und Armutsquote werden in der 1. Phase noch wachsen und dann bis 2035 deutlich unter das Ausgangsniveau sinken. Die Verschuldung und die Treibhausgasemissionen verringern sich im Vergleich zu 2005 um jeweils 30 Prozent und stagnieren ab 2018 auf einem geringen Niveau.

Victor plädiert für Szenario 3, wobei dieses nur durch gezielte politische Maßnahmen des Staates realisiert werden könne. Eine zentrale Rolle hierbei spielt, neben einer Reihe von anderen Maßnahmen, die Reduktion der gesamten und durchschnittlichen Arbeitszeit. Neben der Reduktion der Arbeitszeit soll es auch zu einer breiteren Verteilung der Arbeit auf eine größere Zahl von Menschen kommen. Dies würde sich auf die Beschäftigungsquote positiv auswirken. Er gibt jedoch zu bedenken, dass sich diese Maßnahmen in der Realität nicht in vollem Maße umsetzen lassen, da Widerstände zu erwarten sind. Diese Überlegungen wurden in jüngster Zeit von Victor und Jackson weiter vertieft. Dabei geht es ihnen darum, die Risiken von Wachstum und gleichzeitig die Folgerisiken einer Wirtschaft ohne Wachstum zu minimieren. (Jackson, Victor 2016)
Die zu erwartenden Widerstände bei der Umsetzung von Szenario 3 führen zu der Frage, ob es ein nachhaltiges Wachstum gibt. Eine erste Orientierung bietet das Konzept „Green Economy", das zum Paradigma der Konferenz Rio+20 im Jahr 2012 wurde. Mit diesem Konzept sollte die nachhaltige Entwicklung umgesetzt werden. Trotz der unterschiedlichen Definitionen zu Green Growth gibt es jedoch eine Gemeinsamkeit: im Mittelpunkt einer auf Green Growth ausgerichteten Wirtschaft steht die Ressourcen- und Energieeffizienz. Damit sollen ökonomische Systeme sowie „grüne" Wachstumsstrategien und -maßnahmen zusammengeführt werden. (Prognos 2014, S. 3)

Wer sind die Befürworter von Green Growth?

Besonders internationale Organisationen haben Green Growth inhaltlich konkretisiert und ausdifferenziert. Die OECD definiert Green Growth wie folgt:

> *„Green growth means promoting economic growth while reducing pollution and greenhouse gas emissions, minimising waste and inefficient use of natural resources, and maintaining biodiversity. Green Growth means improving health prospects for populations and strengthening energy security through less dependence on imported fossil fuels. It also means making investment in the environment a driver for economic growth [...]" (OECD 2012)*

Ein wesentlicher Bestandteil der Definition ist, **grünes Wachstum** zu fördern und dabei Umweltbelastungen zu reduzieren. Es geht also darum die Biodiversität zu erhalten, die Gesundheit der Bevölkerung zu fördern und die Sicherheit der Energieversorgung für alle Menschen eines Landes zu garantieren. Nachhaltige Entwicklung geht jedoch darüber hinaus: danach darf die soziale Dimension nicht vernachlässigt werden, wie das bei Green Growth festzustellen ist. Daher gab es Bestrebungen die Defizite im Rahmen des Ansatzes *„Inclusive Growth"* zu überwinden. Dieser Ansatz wurde bisher primär auf Entwicklungsländer ausgerichtet. Er lässt sich aber auch sehr gut auf Industrieländer übertagen.

Inclusive Growth bzw. Inclusive Growth Policy zielt darauf ab, die Lebenssituation der gesamten Bevölkerung zu stabilisieren und – wenn möglich – zu verbessern. So lässt sich auch eine soziale Spaltung der Gesellschaft vermeiden oder zumindest verringern, was auch für die wirtschaftliche Entwicklung eines Landes wichtig ist. Danach sollen alle Menschen am Wachstum teilhaben, um so am gesellschaftlichen Leben in adäquater Form partizipieren zu können.

Linktipp:
Unter www.greengrowthknowledge.org informieren Experten und Organisation von überall auf der Welt über aktuelle Studien und Forschungen. Über verschiedene Filter kann man sowohl themen- als auch länderspezifisch suchen.

Und was ist das Ziel der Inklusion?

Inklusion zielt besonders auf arme, armutsgefährdete und einkommensschwache Personen bzw. Haushalte ab. Vielfach zielt es aber auch auf die Befürchtung ab, wonach die Mittelklasse abstürzen könne. (Stiglitz 2012) Inklusion ist somit das Gegenteil von sozialem Abstieg bzw. sozialer Exklusion. Im Sinne des geforderten Transformationsprozesses setzt dies die Möglichkeit sozialer Mobilität und – im Sinne des *capability*-Ansatzes von Amartya Sen – seine Chancen auch wirklich nutzen bzw. verwirklichen zu können, voraus. (Sen 2010)

Das Konzept des Inclusive Growth hat seine Wurzeln in Arbeiten zur sozialen Gerechtigkeit und Teilhabe. (Gupta, Vegelin 2016, S. 104) Die Einbeziehung der ökologischen Dimension führte dann in der Literatur auch zu der erweiterten Begrifflichkeit des „→*Inclusive Green Growth*". Er wurde erstmals 2012 im Zusammenhang mit der Rio+20 Konferenz eingeführt. Diese Begrifflichkeit wurde damit begründet, dass eine *"equitable green economy"* oder *"inclusive green growth"* eher dem holistischen Verständnis nachhaltiger Entwicklung entspricht als „*green economy*" oder „*green growth*". (Allen, Clouth 2012, S. 61) Die OECD hat *inclusive green growth* inhaltlich wie folgt zusammengefügt:

> „There is widespread recognition that gross domestic product (GDP) captures only part of economic welfare and excludes other dimensions which also matter for well-being, such as jobs, skills, and education, health status, environment, and civic participation and social connections." (OECD 2014, S. 80)

Literaturtipp:

Die Kontroverse um ein nachhaltiges Wachstum wird ausführlich dargestellt im Buch „Nachhaltiges Wachstum" von Michael von Hauff und Andrea Jörg, das in 2. Auflage im Jahr 2017 bei De Gruyter erschienen ist.

Wie kommt es zu einem nachhaltigen Gewerbegebiet?

Unternehmen können im Kontext von →Corporate Social Responsibility ein Nachhaltigkeitsmanagement entwickeln und umsetzen. In der Nachhaltigkeitsforschung und Praxis fand dagegen die Handlungsebene der Gewerbe- und Industriegebiete bisher noch vergleichsweise wenig Beachtung. In Deutschland fand in den Jahren 2007 bis 2009 ein erstes umfangreiches Forschungsprojekt zu dem Thema „Vom Zero Emission-Park zum nachhaltigen Gewerbegebiet" an der TU Kaiserslautern statt.

Die nachhaltige Gestaltung von Gewerbegebieten, die sowohl Aspekte kommunaler als auch unternehmerischer Nachhaltigkeit umfasst, wird jedoch in ihrer Bedeutung für eine dauerhaft wettbewerbsfähige Ausrichtung kommunaler Wirtschaftsstandorte in zunehmendem Maße wahrgenommen.

Gerade die Ebene der Gewerbe- und Industriegebiete bietet ein hohes Nachhaltigkeitspotenzial: Im Vergleich zu unternehmerischen Einzelaktivitäten können in Gewerbe- und Industriegebieten, begünstigt durch die räumliche Nähe und das gemeinsame Interesse an einer zukunftsorientierten Standortentwicklung, unternehmensübergreifend Nachhaltigkeitsmaßnahmen umgesetzt werden (Fischer, Baudach, v. Hauff 2014, S. 3). Besonders für kleine und mittelständische Unternehmen bietet sich die Möglichkeit Ressourcen und Kompetenzen zu bündeln, wodurch größere Handlungsspielräume geschaffen werden. Dabei gilt jedoch zu berücksichtigen, dass sich Gewerbegebiete oft aus Industrie-, Dienstleistungs- und Einzelhandelsunternehmen zusammensetzen. Das erfordert für die Kooperation der Unternehmen im Kontext nachhaltiger Entwicklung ein differenziertes Konzept.

Wodurch zeichnet sich ein nachhaltiges Gewerbegebiet aus?

Ein wesentliches Merkmal nachhaltiger Gewebegebiete ist die freiwillige Zusammenarbeit aller Unternehmen die bereit sind, die Umsetzung der drei Dimensionen Ökologie, Ökonomie und Soziales gemeinsam anstreben (Beständig 2015, S. 5). Die Zusammenarbeit mit kommunalen Vertretern ist wünschenswert, um gemeinsame Projekte, wie z. B. die Anbindung des Gewerbegebietes an den öffentlichen Personennahverkehr optimal zu gestalten. Daher bietet sich die Ausarbeitung einer Nachhaltigkeitsstrategie an, in die gemeinsame Anliegen einfließen.

Im Rahmen der Konkretisierung nachhaltiger Gewebegebiete lassen sich eine Vielzahl von Handlungsfeldern ableiten, die sich den drei Dimensionen zuordnen lassen. Die einzelnen Handlungsfelder werden in der folgenden Tabelle aufgeführt und mit entsprechenden Indikatoren konkretisiert. Hierbei handelt es sich um einen exemplarischen Modulhandkasten, aus dem sich die Gemeinschaft der Unternehmen die für sie relevanten Handlungsfelder und die entsprechenden Indikatoren auch unter dem Aspekt der Dringlichkeit festlegen. Dabei ist jedoch zu empfehlen, nicht alle Handlungsfelder gleichzeitig anzustreben, sondern im Rahmen eines Prozesses weitere Handlungsfelder aufzunehmen und dies inhaltlich weiter zu entwickeln. (v. Hauff, Fischer 2017, S. 242)

	Handlungsfelder	Indikatoren
a	– ökologiefreundliche Gestaltung des Gewerbegebietes	– Anzahl der Anlagen (Bäume, Beete, Wasserspiele)
a	– Wettbewerbs-/Vorschlagswesen zum ökologiefreundlichen Gewerbegebiet	– Anzahl und Qualität der Verbesserungsvorschläge
b	– Ressourceneffizienz – Abfallmanagement – Wassermanagement – Energieeffizienz	– Verringerung der Abfallmenge – Verringerung der Wassermenge – Verringerung der Energie
c	– Wirtschaftlichkeit – Wettbewerbsfähigkeit	– wirtschaftlicher Nutzen (Steigerung des Gewinns)
c	– gemeinsames Logistikkonzept – gemeinsamer Einkauf	– Anzahl/Gewicht des gemeinsamen Transportes – Umsatz des gemeinsamen Einkaufs
e	– Fitnesscenter – kulturelle Veranstaltungen	– Teilnehmer an Fitnessprogrammen – Zahl der Teilnehmer
f	– Fahrgemeinschaft – Energiekonzept – kommunale Verkehrsanbindung	– Reduktion der Nutzung einzelner PKW (Reduktion von CO_2) – Energie aus eigener Anlage – Taktzeiten
g	– Nachhaltigkeitsmanagement für das Gewerbegebiet – Corporate Design	1. Anzahl der Meetings 2. Anzahl der Projekte 3. Grad der Partizipation

Betrachtet man die Handlungsfelder im Detail, so sind einige in der Form weiter auszubauen, dass sie zusätzlich noch einen positiven Einfluss auf den Klimaschutz haben: es geht dann nicht nur um klassische Maßnahmen der Material- und Energieeffizienz, sondern z. B. auch um die Einrichtung von Radwegeverbindungen, die Verwendung ökologischer Baustoffe, die Reduktion des Abwasseraufkommens, die Kinderbetreuung vor Ort, die mögliche Nutzung einer Arztpraxis im Gebiet, eine gemeinsame Kantine (sodass die Mitarbeiter und Mitarbeiterinnen nicht weite Wege zum Mittagstisch fahren müssen), genauso wie eine systematische Anbindung des Gebietes an den ÖPNV, der alle Schichtzeiten abdeckt.

Gibt es zu nachhaltigen Gewerbegebieten ein konkretes Beispiel?

Ja, es gibt eine Fallstudie zu einem nachhaltigen Gewerbegebiet: Im Mai 2009 hat eine kleine engagierte Gruppe von Unternehmern mit Unterstützung der Wirtschaftsförderung der Stadt Esslingen die Standortinitiative „Neue Neckarwiesen e.V." eingeleitet. Daraus entstand ein Kooperationsvertrag der die Aufgaben der Standortinitiative, die Zusammenarbeit mit der Wirtschaftsförderung und den Finanzierungsmodalitäten festlegte. Die Standortinitiative ist für interne und externe Netzwerke, Marketingstrategien zur positiven Imagepflege des Standorts, die Organisationsstruktur für das Gebietsmanagement und die erforderlichen Personalressourcen zuständig.

Es wurden themenbezogene Arbeitskreise, wie z. B. „Aus-, Weiterbildung und Kultur" bzw. „Umwelt und Natur" gebildet. Der Arbeitskreis „Umwelt und Natur" hat z. B. das Konzept „SONNENWERKE Neue Neckarwiesen" ausgearbeitet, bei dem es um die Errichtung und den Betrieb von Photovoltaikanlagen im Gewerbegebiet geht. Weiterhin kam es zur Förderung von E-Bike Leasing, Sportgruppen und die Ansiedlung einer KiTa. Von der „Netzwerkplattform und Veranstaltung" wurden Informationsveranstaltungen mit branchenübergreifenden Impulsvorträgen, Aus- und Weiterbildungsveranstaltungen für Azubis und das Neckarwiesenfest als Tag der offenen Tür initiiert. Impulse für eine kontinuierliche Ausrichtung auf Nachhaltigkeit kamen aber auch von der Stadt.

Linktipp:
Eine Ansicht dieses Beispiels ist unter www.peschpartner.de/wpconten t/uploads/2011/06/ppas_Esslingen_Neckarwiesen_Bild2.jpg zu finden.

Wie kommt es zu nachhaltigem Handel?

Der internationale Handel führte weltweit zu mehr Wohlstand. Das erkannte schon Adam Smith der „Vater der modernen Volkswirtschaftslehre" in seinem 1776 erschienen Werk *„An Inquiry into te Nature and Causes of the Wealth of Nations"*. Gleichzeitig kam es jedoch zu einer wachsenden Ungleichheit der Erlöse des Welthandels (Krugman, Obstfeld, Melitz 2019). Im Mittelpunkt der Analyse standen hierbei die Entwicklungsländer, obwohl z. B. auch zwischen den europäischen Ländern oft eine Ungleichverteilung der Handelsgewinne beklagt wird. Aber es gibt international einen großen Konsens: Danach sind viele Entwicklungsländer bis in die Gegenwart im internationalen Handel marginalisiert.

Das gilt besonders für die Mehrzahl der afrikanischen, aber auch für einige asiatische und südamerikanische Länder. 80 Prozent aller Länder (Entwicklungsländer) mit einem Bevölkerungsanteil von etwa 80 Prozent vereinigen etwa 30 Prozent des Welthandels auf sich, während die Industrieländer (etwa 20 Prozent aller Länder mit einem Anteil der Weltbevölkerung von etwa 20 Prozent) 70 Prozent des Welthandels auf sich vereinen. Einigen Schwellenländern wie Brasilien, China und Indien ist es gelungen sich im Verhältnis zu der Mehrzahl der Entwicklungsländer stärker in den Welthandel zu integrieren. Die Eingliederung der Entwicklungsländer in den Welthandel ist jedoch nicht allein ausschlaggebend.

So gilt zu berücksichtigen, dass die Einkommensdisparitäten zwischen Bevölkerungsgruppen in einer Reihe von Entwicklungsländern teilweise stark zugenommen haben: es profitieren besonders die oberen Einkommensgruppen vom internationalen Handel. So verzeichneten z. B. die einkommensstarken Gruppen in Indien, d.h. die oberen 10 Prozent der Bevölkerung, von 1990 bis 2016 einen Anstieg ihres Anteils am gesamtwirtschaftlichen Einkommen von 33 Prozent auf 55 Prozent. Daher kam es schon früh zu dem nachhaltigkeitsorientierten Handelskonzept →Fair Trade. Es ist darauf ausgerichtet, wie noch gezeigt wird, die unteren Einkommensgruppen wie Kleinfarmer in den internationalen Handel zu integrieren.

Literaturtipp:
Das Konzept Fair Trade wird umfassend im Buch „Fair Trade" (Studienausgabe) von Michael von Hauff und Katja Claus, das in 3. Auflage im Jahr 2018 bei utb erschienen ist, behandelt.

Gibt es Bestrebungen, der Tendenz zunehmender Einkommensdisparitäten entgegenzuwirken?

Es gab in den vergangenen Jahrzehnten eine Reihe internationaler Bemühungen die Entwicklungsländer und ganz besonders die ärmsten Entwicklungsländer (Least Developed Countries) stärker in den Welthandel zu integrieren. Eine gewisse Berühmtheit erlangte die „Doha Runde" die zum Ziel hatte die internationalen Märkte weiter zu öffnen und dadurch Entwicklungsländer besser in den Welthandel zu integrieren.

Die Verhandlungen begannen 2001 und scheiterten erstmals im September 2003. Nach mehreren Verhandlungsrunden, die alle scheiterten, kam es am 19.12.2015 auf der 10. Ministerkonferenz der Welthandelsorganisation (WTO) in Nairobi nach langem Ringen zu einigen Einigungen. Dennoch plädierten einige Industrieländer für den Abbruch der Verhandlungen, während besonders Entwicklungsländer sich für die Fortsetzung einsetzten. (v. Hauff, Claus 2017, S. 36) Dieses Beispiel verdeutlicht, wie schwer sich die Repräsentanten der Völkergemeinschaft in der Vergangenheit mit einem gerechteren Welthandel bzw. einem nachhaltigen Handelssystem taten.

Die Ungleichverteilung des Welthandels und deren Auswirkungen auf einen Großteil der Menschen in Entwicklungsländern wurden früh erkannt. Daher entstand nach dem zweiten Weltkrieg in den USA die Fair-Trade-Bewegung. Die Wohlfahrtsorganisation *„Ten Thousand Villages"* begann im Jahr 1946 Handwerksprodukte aus Poerto Rico zu importieren. Sie wurden über kircheneigene Netzwerke verkauft. 1958 öffnete in den USA das erste Fair-Trade-Geschäft. In den 1960er Jahren entstanden sogernannte *Alternative Trade Organizations (ATO)*.

Welche Anstrengungen nahmen die Entwicklungsländer selbst vor?

Die Entwicklungsländer forderten in dieser Zeit die *„United Nations Confernce on Trade and Development (UNCTAD)"* auf sich ihnen stärker zuzuwenden. Auf der darauffolgenden Konferenz im Jahr 1968 entstand der berühmte Slogan *„Trade not Aid"*. 1970 kam es in Deutschland zu der „Aktion Dritte Welt (A3WH)", die darauf ausgerichtet war Produkte aus der Dritten Welt zu verkaufen und über die Bedingungen in Entwicklungsländern zu informieren. (Quaas 2015)

Der **Faire Handel** ist über die Jahre stark gewachsen und es kamen neben traditionellen Produkten wie Kaffee und Bananen neue Produkte hinzu: der Gesamtumsatz fair gehandelter Produkte betrug 2015 bereits 7,3 Milliarden Euro was einer Wachstumsrate zum Vorjahr von 24 Prozent entspricht. In Deutschland betrug der Gesamtumsatz 978 Millionen Euro mit einer Wachstumsrate von 18 Prozent (v. Hauff, Claus 2017, S. 203). Doch der große Teil des Handels findet außerhalb dieses Handelssystems statt. Daher wurde in den letzten Jahren über die Frage diskutiert, wie das globale Handelssystem auf die Anforderungen nachhaltiger Entwicklung ausgerichtet werden könnte. In der Präambel der WTO werden Forderungen aufgezeigt, die jedoch noch weitgehend zu erfüllen sind:

"Recognizing that their relations in the field of trade and economic endeavour should be conducted with a view to raising standards of living, ensuring full employment and a large and steadily growing volume of real income and effective demand, and expanding the production of and trade in goods and services, while allowing for the optimal use of the world's resources in accordance with the objective of sustainable development, seeking both to protect and preserve the environment and to enhance the means for doing so in a manner consistent with their respective needs and concerns at different levels of economic development."

Die Forderung eines nachhaltigen Handels ist grundsätzlich in SDG 17 „... *globale Partnerschaft für nachhaltige Entwicklung wiederbeleben"* festgelegt. In der nationalen Nachhaltigkeitsstrategie Deutschlands wird u. a. gefordert, 0,7 Prozent des Bruttonationaleinkommens für Entwicklungszusammenarbeit aufzubringen. Weiterhin wird sich Deutschland auch im Rahmen verschiedener Projekte in der Berufs- und Hochschulbildung aber auch bei der Hochschulkooperation engagieren.

Gibt es seitens Deutschlands weitere Bemühungen zur Förderung nachhaltigen Handels?

Im Rahmen der Initiative *„Aid for Trade",* die 2005 zur Stärkung der Handelsbeziehung in Entwicklungsländern gegründet wurde, wird sich Deutschland ebenfalls weiter engagieren. Dabei geht es primär um eine optimale Integration der am wenigsten entwickelten Länder (Least Developed Countries) in das weltweite Handelssystem. Schließlich wird im Rahmen der Initiative *„Everything but arms"* den ärmsten Entwicklungsländern ein zoll- und quotenfreier Zugang in allen Produktbereichen, außer Waffen, Munition und dem damit verbundenen Zubehör, ermöglicht (Bundesregierung 2016, S. 223).

Konkret geht es darum, dass produktive Kapazitäten in LDCs gesteigert werden, wodurch erreicht werden soll, dass sie leichter und effizienter, aber auch nachhaltiger am Welthandel teilnehmen können. (v. Hauff, Schulz, Wagner 2018, S. 129 ff)

Welche Barrieren für einen nachhaltigen Handel bestehen noch?

Eine Beurteilung der bisherigen und geplanten Maßnahmen ist schwierig, da sich dies zwischen den Entwicklungsländern unterschiedlich darstellt. In jedem Fall ist festzustellen, dass bisher noch zwischen einer eigennützigen nationalen Handelspolitik und einer teilweise ebenfalls eigennützigen Entwicklungszusammenarbeit zu unterscheiden ist. Hier wäre eine kohärente und umfassende Handelspolitik, die den Anforderungen nachhaltiger Entwicklung entspricht, wünschenswert. Entsprechend müsste der internationale Handel auch die anderen SDGs berücksichtigen. Die notwendigen handelspolitischen Reformen müssten dann auch weltweit umgesetzt werden. Hierfür sollte eine globale Kontrollinstanz (**Global Governance**) gegründet werden. Weltweite Vereinbarungen könnten beispielhaft sein: bei steigendem weltweitem →Konsum ist die Entwicklung einer globalen *„circular economy"* wünschenswert. Der wachsende globale Ressourcenverbrauch z. B. bei seltenen Erden und Metallen führt zu einem weltweiten Verdrängungsprozess, bei dem viele Entwicklungsländer benachteiligt sind. Um dies zu vermeiden wäre eine ökologisch und sozial ausgewogene globale Ressourcenstrategie erforderlich.

Gibt es ein weiteres Beispiel aus dem Bereich internationaler Handel?

Ja, das wäre die Implementierung von maritimen Schutzzonen für Hochseegebiete als Wirtschaftsraum. Eine Studie der Oxford University, der York University und der Umweltstiftung Greenpeace vom April 2019 zeigt konkrete Handlungsvorschläge für den Schutz der Weltmeere auf. Die Studie stellt ein Konzept vor, durch das 30 Prozent der weltweiten Meeresgebiete bis zum Jahr 2030 gegen Übernutzung, Verschmutzung und Zerstörung geschützt werden könnten.

Die Relevanz für das maritime Ökosystem ist unbestritten, wenn man berücksichtig, dass es aktuell an einem rechtlichen Rahmen mangelt, um die Biodiversität in den internationalen Gewässern zu schützen. Die Hochseefischerei und der Abbau von Rohstoffen in der Tiefsee führten zu einer starken Ressourcenausbeutung. Als Handlungsmaßnahme wird die Implementierung von weltweiten Wasserschutzgebieten bis zum Jahr 2030 vorgeschlagen. Der Titel der Studie zeigt die Zielwerte auf: „30X30" (Roberts et al. 2019). Die Implementierung dieses Konzepts müsste auf internationaler Ebene abgestimmt und dann umgesetzt werden. Es mangelt also nicht an Konzepten, sondern an der Umsetzung, woran zunehmend national orientierte, selbstsüchtige Regierungschefs wenig Interesse haben.

Wie kommt es zu einer nachhaltigen Biodiversität?

Biodiversität als abschließender Bereich ist nicht in das Muster der bisherigen Fragestellung einzuordnen und ist daher anders zu behandeln. Während bei den anderen Bereichen immer aufgezeigt wurde, wie man zu einem nachhaltigen Pfad z. B. des →Konsums kommt, muss man bei der Biodiversität davon ausgehen, dass es in vielen Bereichen zu einer dramatischen Abnahme kam, die zu einer starken Belastung von Ökosystemen führte. Dabei kam der herausragenden Bedeutung der Biodiversität 1992 im Rahmen der Rio Konferenz durch das Inkrafttreten des Übereinkommens über die biologische Vielfalt (*Convention on Biological*

Diversity) und durch die Verankerung in SDG 15 (*... und dem Verlust der biologischen Vielfalt ein Ende setzen*) eine entsprechende Beachtung zu. Ausgangspunkt ist also eine ehemals stabile und damit nachhaltige Biodiversität, die der Menschheit natürliche Dienstleistungen bzw. Ökosystemdienstleistungen bereitstellt. So liefert die Natur u. a. viele Medikamente, zahlreiche Nahrungsmittel und sauberes Trinkwasser. „Sie trägt außerdem zur Regulierung von Krankheiten und des Immunsystems bei, verringert den Gehalt an Luftschadstoffen und verbessert die physische und psychische Gesundheit z. B. durch den Zugang zu Naturräumen." (IPBES 2019, S. 5) Grunewald und Bastian bringen es auf die Kurzformel: Ökosystemleistungen werden von der Natur erbracht und von Menschen genutzt (2012, S. 3). So kann festgestellt werden, dass es ohne Biodiversität keine sozialen Gemeinschaften und keine ökonomischen Tätigkeiten gibt. (Laws 2015, S. 41)

Zu den Ökosystemdienstleistungen, die in materielle, kulturelle und regulierende unterschieden werden, zählen u. a. das Bestäuben von Obstblüten durch Insekten, die Bereitstellung von nutzbarem Bewässerungs- und Trinkwasser durch natürliche Filtration von Niederschlag, die Reproduktion von Fischpopulation als Nahrungsmittel sowie die Bereitstellung von frischer Luft und einer ansprechenden Umwelt für Freizeit, Erholung und ästhetischem Genuss. Die globale Entwicklung der Biodiversität und der Ökosystemdienstleistungen werden in großem Umfang vom *IPBES / Intergovernmental Science-Policy Platform on Biodiversity and Ecosystem Services,* einer Organisation der Vereinten Nationen, analysiert und bewertet.

Wie lässt sich Biodiversität bewerten?

Die wirtschaftliche Bedeutung der →Biodiversität lässt sich durch wenige Zahlen verdeutlichen: der Marktwert der Bestäubung beträgt pro Jahr mindestens 250 bis 600 Mrd. Euro (IPBES 2016). Anders formuliert: Bestäubungsverluste führen zu dem Risiko von weltweiten Ernteausfällen im Wert von jährlich 235 bis 577 Milliarden US-Dollar. Bedenkt man, dass in den vergangenen 27 Jahren ein Rückgang von 75 Prozent der Insekten registriert wurde, so hat dies vielfältige Auswirkungen. Bestimmte Gruppen von Insekten haben bei der Bestäubung eine zentrale Funktion. Teilweise sind sie als Nahrungsquelle für viele andere Lebewesen wie Vögel von großer Bedeutung. Somit haben sie für das Funktionieren des Ökosystems eine wichtige Aufgabe. (Hallmann et al. 2017)

Für die globale **Biosphäre** wurde 1977 der Marktwert der gesamten Ökosystemdienstleistungen auf 16 bis 54 Billionen US-Dollar geschätzt. Dabei gilt zu berücksichtigen, dass die Gesamtsumme davon abhängt, welche Dienstleistungsbereiche berücksichtigt und mit eingerechnet werden. Es handelt sich also um eine Unter- und Obergrenze des Marktwertes. Der größere Teil des Wertes der Dienstleistungen liegt jedoch außerhalb des Marktsystems, wie Gasregulierung, Regulierungen von Störungen, Abfallbehandlung und Nährstoffkreisläufe. Nur ein kleiner Teil sind private Güter, die auf Märkten gehandelt werden.

Der Wert des erwirtschafteten Weltsozialprodukts betrug damals etwa 18 Billionen US-Dollar. Es geht aber – wie gerade deutlich wurde – nur ein Bruchteil der Ökosystemdienstleistungen als private Güter in das Bruttosozialprodukt ein (Costanza et al. 1977). Das Ziel der Studie war, die Dimension der globalen Ökosystemdienstleistungen zu bestimmen. Auch wenn die Dimension des Wertes von Ökosystemdienstleistungen immer wieder kritisch hinterfragt wurde, so vermittelt sie doch eine Vorstellung über die wirtschaftliche Bedeutung dieser Dienstleistungen, die von der Natur bereitgestellt werden. Dabei gilt auch zu berücksichtigen, dass andere Studien, die in dieser Zeit publiziert wurden, zu ähnlichen Ergebnissen kamen.

In „*The Global assessment report on Biodiversity and Ecosystem Services*" wird daher festgestellt, dass die erbrachten Ökosystemdienstleistungen die Grundlage für eine dauerhaft gute Lebensqualität der Menschen auf der Erde bilden. Die Fähigkeit der Ökosysteme, diese Leistungen zu erbringen, verschlechtert sich jedoch durch die Abnahme der Biodiversität weltweit. (IPBES 2019)

Dabei ist zu berücksichtigen, dass sich das Artensterben in vielen Segmenten noch beschleunigt. Die folgende Abbildung gibt eine Übersicht über den Bestand ausgewählter Artengruppen. Während Knochenfische keine hohe Gefahrenstufe aufweisen, sind Palmfarne in hohem Maße gefährdet.

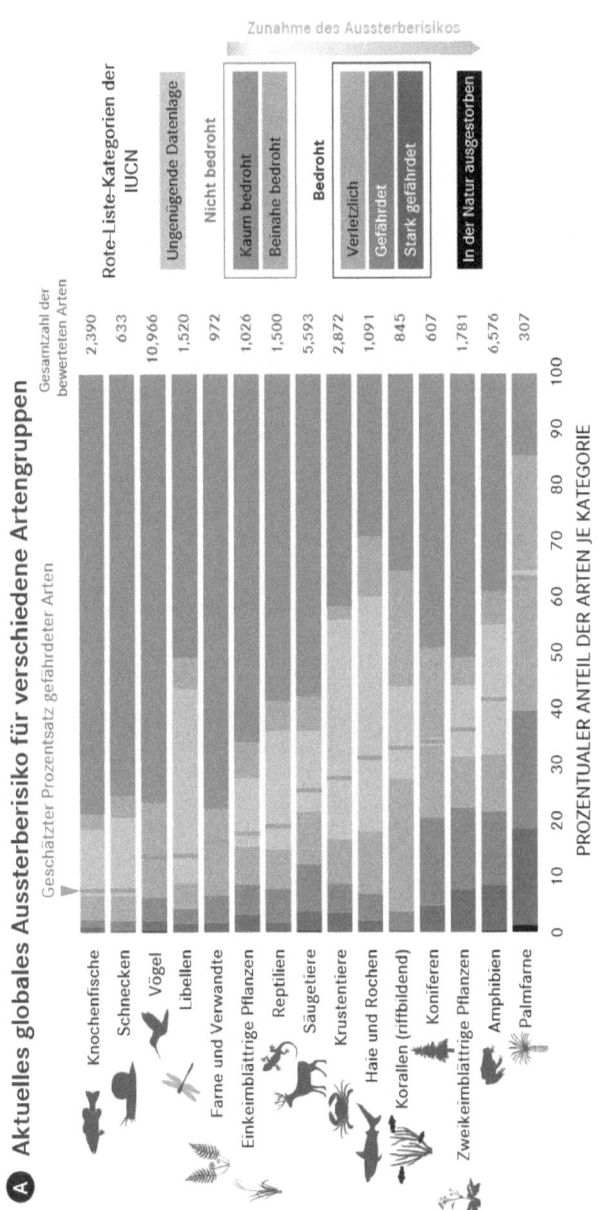

18 | Aktuelles globales Aussterberisiko für verschiedene Artengruppen (Geschätzter Prozentsatz gefährdeter Arten)
Quelle: IPBES 2019, S. 26Qn

Es lässt sich also feststellen, dass sich die Ökosystemdienstleistungen unterschiedlich entwickeln: so geht die Verbesserung einiger Ökosystemleistungen mit der Verschlechterung anderer einher.

Gibt es für Biodiversitätsprobleme ein Beispiel?

Ja. Seit 1970 wurden etwa dreimal so viele Nutzpflanzen produziert. Gleichzeitig sind jedoch Ökosystemdienstleistungen, wie z. B. im Boden gebundener organischer Kohlenstoff oder Bestäubervielfalt rückläufig. Das beinhaltet die Gefahr von Ernteverlusten bzw. Ernteausfällen. Die Schlussfolgerung daraus ist: die Zuwächse bestimmter Ökosystemleistungen waren nicht nachhaltig.

Landnutzungsänderungen sind eine wesentliche Ursache für den Rückgang der Biodiversität. So werden die Verschmutzung von Luft, Wasser und Boden ganz wesentlich durch Land- und Forstwirtschaft sowie die wachsende **Urbanisierung** verursacht. Hinzu kommt, dass die Zahl der bedrohten Arten durch den Klimawandel stark zunehmen wird. Es wird nur wenigen Arten gelingen ihr Verbreitungsgebiet in Regionen mit geeigneten klimatischen Bedingungen zu erweitern. Generell lässt sich feststellen, dass sich die steigende Erderwärmung negativ auf die Biodiversität auswirkt. Daher ist eine Begrenzung der Erderwärmung deutlich unter 2^0 C für die Biodiversität, Ökosystemdienstleistungen und Lebensqualität von großem Vorteil. (IPBES 2019, S. 13)

Was sind die Ursachen der Problematik der Biodiversität?

Nach IPBES sind für den Verlust der →Biodiversität folgende Treiber besonders verantwortlich

- Nutzungsänderungen an Land und im Meer (zum Beispiel Verlust von tropischem Regenwald für landwirtschaftliche Flächen, Bergbau, Verdopplung der städtischen Gebiete seit 1992),
- direkte Nutzung von Tier- und Pflanzenarten (zum Beispiel durch Holzeinschlag, Jagd oder Fischerei),

- Klimawandel (zum Beispiel durch die Reduzierung der Lebensräume für Tier- und Pflanzenarten, veränderte Populationsdynamiken und Artzusammensetzungen in Ökosystemen),
- Umweltverschmutzung (zum Beispiel durch den Eintrag von Plastikmüll, Schwermetallen, Pestiziden oder Düngemitteln),
- invasive gebietsfremde Arten (zum Beispiel durch die Verdrängung von Tier- und Pflanzenarten durch konkurrenzstärkere nicht heimische Arten).

Betrachtet man die aufgeführten Treiber für den Verlust an Biodiversität, so lassen sich daraus im Prinzip die Ansätze und Maßnahmen zur Förderung bzw. Stärkung der Biodiversität ableiten. Dabei fällt auf, dass die Mehrheit der Trends wie die höhere Produktion von Nahrungsmitteln im Rahmen der konventionellen Landwirtschaft, Bioenergie und andere Materialien, auf globaler Ebene, d.h. in vielen Regionen der Welt festgestellt werden können. Es gibt regional jedoch unterschiedliche Intensitäten. Das führt zu unterschiedlichen Auswirkungen bzw. Belastungen. Die Landnutzungsänderungen unterscheiden sich z. B. zwischen Regionen ohne und mit subtropischen Wäldern.

So hat die Umwandlung von tropischen Regenwäldern in landwirtschaftliche Nutzflächen oft katastrophale Auswirkungen auf die Biodiversität und den Klimawandel.

Es gibt verschiedene Institutionen, die Biodiversität und Ökosystemdienstleistungen wissenschaftlich analysieren und der Politik Empfehlungen bereitstellen. Im Dezember 2010 wurde z. B. auf der UN-Generalversammlung die Gründung der *„Intergovernmental Science-Policy Platform on Biodiversity and Ecosystem Services (IPBES)"* beschlossen. Der Weltrat für Biologische Vielfalt mit 132 Mitgliedstaaten hat die Aufgabe, die Politik hinsichtlich der Erhaltung und zum Schutz der Biodiversität und Ökosystemdienstleistungen zu beraten. Die deutsche Koordinierungsstelle von IPBES unterstützt auf nationaler Ebene die politischen Beratungs- und Entscheidungsprozesse. Auf EU-Ebene aber auch in Deutschland kam es zu einer Reihe von Maßnahmen und Gesetzen, wie z. B. das Bundesnaturschutzgesetz. (Wittig, Niekisch 2014, S. 398 ff).

Eine wichtige Orientierung leistet die *„Nationale Strategie zur biologischen Vielfalt (NBS)."* Die Grundlage hierbei ist die Biodiversitätskonvention die 1992 auf der Rio-Konferenz verabschiedet wurde. Da die Biodiversität auch im Kontext der Dekaden *„Bildung für nachhaltige Entwicklung"* eine große

Bedeutung hat, gibt es zu dem Thema „*Biologische Vielfalt schützen und nutzen*" eine Vielzahl von Publikationen und Broschüren.

Literaturtipps:

- Die Komplexität der Biodiversität lässt sich leicht verständlich nachlesen bei Josef H. Reichholf. Sein Buch „Biodiversität: Bedeutung, Gefährdung, Wiederherstellung biologischer Vielfalt" ist bei der Hessischen Landeszentrale für politische Bildung erschienen.
- Zudem erscheint in der Reihe dieses Buches „Frag doch einfach" ebenfalls ein Band zur Biodiversität.

Nachhaltigkeit in der Zukunft

 Nicht immer läuft alles wie geschmiert. Hier wird erklärt, wo und warum.

Worin liegen die Hemmnisse und Probleme, die zu einer mangelnden Dynamik bei der Umsetzung einer nachhaltigen Entwicklung führen?

Es gibt eine Vielzahl von Hemmnissen, die zu einer mangelnden Dynamik bei der Umsetzung nachhaltiger Entwicklung beitragen. Zu nennen sind u. a. Pfadabhängigkeiten, d. h. die Vermeidung von Richtungsabweichungen wonach Menschen ganz allgemein, aber auch Unternehmen, Verbände und Politiker an Bewährtem festhalten und somit reformscheu bzw. reformresistent sind. Pierson stellt hierzu fest, dass an einem Pfad unter Umständen selbst dann festgehalten wird, wenn sich später herausstellt, dass eine Alternative besser gewesen wäre (Pierson 2004). **Pfadabhängige Prozesse** sind also nicht selbstkorrigierend, sondern verfestigen häufig Fehler. Sie stehen nachhaltiger Entwicklung entgegen. Die folgenden Ausführungen beschränken sich nun auf zwei Hemmnisse: Interessengegensätze und Widerstände gegenüber intra- und intergenerationeller Gerechtigkeit.

Bei der Ausarbeitung der →Agenda 2030 und den 17 Nachhaltigkeitszielen kamen von den Mitgliedern der Arbeitsgruppe unterschiedliche Interessen zusammen. Insofern handelte es sich bei der 2015 verabschiedeten Agenda um einen Kompromiss z. B. bei dem Ziel Gendergerechtigkeit, wie schon aufgezeigt wurde. Dennoch fand die Agenda 2030 international breite Zustimmung. Jede nationale Nachhaltigkeitsstrategie ist durch einen langfristigen Prozess der Umsetzung gekennzeichnet und – hier sollte man sich keiner Illusion hingeben – dieser zeichnet sich immer durch Kompromisse aus. Daher kommt es trotz wissenschaftlich fundierter Problemanalysen und Empfehlungen, häufig nicht zu optimalen, sondern zu „*second best*"Lösungen. Dazu tragen auch mächtige Lobbyisten bei. Leif und Speth stellen fest, dass Lobbying von Wirtschaftsverbänden eine punktuelle Vertretung von Partikularinteressen ist, die keinen unmittelbaren Bezug zum Gemeinwohl haben (2006, S. 10). Dies steht im Widerspruch zu dem Paradigma nachhaltiger Entwicklung bei dem das Gemeinwohl und nicht Einzelinteressen im Mittelpunkt stehen.

Linktipp:
Zu aktuellen Aktivitäten von Lobbyisten bringt *LobbyControl* interessante Jahresberichte und Pressemitteilungen heraus.
www.lobbycontrol.de/wp-content/uploads/LobbyControl-Jahresbericht-2018-19.pdf

Wie begründet sich Pfadabhängigkeit und warum verlangsamt sie den Prozess nachhaltiger Entwicklung?

Es lässt sich in vielen Bereichen eine gewisse Resistenz gegenüber Veränderungen beobachten. Hier stellt sich die Frage, warum Veränderungen oft schwer fallen auch wenn sie dringend notwendig sind. Ein typisches Beispiel ist der Klimawandel, der vielfältige Veränderungen für eine Verlangsamung erfordert. So wird oft an einem Pfad auch dann festgehalten, wenn eine alternative Option für viele Menschen zu einem besseren Ergebnis führen würde. Daher kann festgestellt werden: Prozesse der Pfadabhängigkeit sind nicht selbstkorrigierend. Sie führen oft zu Fehlentscheidungen oder verfestigen diese. Der bekannte Ökonom Joseph Schumpeter erkannte dieses Phänomen schon früh und sprach in diesem Zusammenhang von der Notwendigkeit „schöpferischer Zerstörung", die notwendig werden kann, wenn Produkte oder Produktionsprozesse beispielsweise technologisch überholt sind bzw. ökologisch stark belastend wirken und keine Zukunftsperspektiven haben.

Daher stellt sich die Frage, wie ein ökologisch ungünstiger Pfad verlassen werden kann. Vielfach bedarf es einer „ausreichenden Erschütterung" des bisher eingeschlagenen Pfads, um an einem Kreuzungspunkt den bisherigen Pfad zu verlassen. Diese Erschütterung kann verschiedene Ursachen haben: Wettbewerbsveränderungen, Lerneffekte oder – als exogene Schocks – Naturkatastrophen wie Überschwemmungen oder Dürreperioden. Ökologisch begründete Pfadabhängigkeiten basieren jedoch oft auf komplexen Systemen wie Unruh am Beispiel des Autos bzw. dem Individualverkehr aufzeigt. Hierzu gehört u.a. die Zulieferindustrie, die Stahlproduktion, die Erdölproduktion und -verteilung, die Kautschukproduktion und der Straßenbau (Unruh 2000, S. 822). Daraus wird ersichtlich, dass solche Systeme schwieriger zu ändern sind als einzelne umweltbelastende Technologien.

Da viele Unternehmen in solchen Systemen eingebunden sind können von ihnen keine radikalen umweltfreundlichen Innovationen erwartet werden. Sie generieren in der Regel höhere Gewinne und Cashflows mit ihren bisherigen Produktionsprozessen bzw. Produkten als Unternehmen mit neuen nachhaltigen Produkten und haben daher einen besseren Zugang zu Finanzinstitutionen um ihre Investitionen zu finanzieren (Clausen, Fichter 2018, S. 5). Dennoch kommt es oft zu umwelttechnischen Nischenlösungen, die aber nur eine begrenzte Reichweite haben. Sind sie im Kontext des Transformationsprozess erprobt, sollte ihre Verbreitung gefördert werden. Ein Beispiel sind die Technologien der Energiewende. Erst durch eine massenhafte Verbreitung realisiert eine Umweltinnovation ihr gesamtes Umweltentlastungspotenzial. Die Agenda 2030 fordert auf der Grundlage der 17 SDGs ebenfalls ökologisch belastende Pfadabhängigkeit zu verlassen. Hervorzuheben sind die Off-Track Indikatoren der nationalen Nachhaltigkeitsstrategie, die bisher in die falsche Richtung führten, obwohl es Alternativen gibt, die zu einem erwünschten Ergebnis beitragen würden.

Aber auch Konsumenten sind oft von unbefriedigenden Pfadabhängigkeiten geprägt, indem ihre Konsummuster bestimmten SDGs zuwiderlaufen (vgl. SDG 12 Nachhaltige Konsum- und Produktionsmuster sicherstellen). So lassen sich in vielen Bereichen bzw. Wirtschaftssektoren Pfadabhängigkeiten feststellen, die den Transformationsprozess zu einer nachhaltigen Entwicklung hemmen. Es kann jedoch positiv festgestellt werden, dass es auch Sektoren wie die Energiewirtschaft gibt, die im Sinne von Nachhaltigkeit durch den wachsenden Anteil regenerativer Energie zu einer Auflösung der Pfadabhängigkeit führen.

Könnten Sie zum Thema Lobbyisten ein Beispiel nennen?

Ja. Neben vielen mächtigen Lobbyisten wie jene der Waffenproduktion gilt die Autoindustrie in Deutschland und in der gesamten EU als eine der mächtigsten und einflussreichsten Lobbybranchen.

„Seien es Interventionen der Bundesregierung in Brüssel bei lang verhandelten Abgasgrenzwerten oder die enge Zusammenarbeit zwischen Politik und Autoindustrie bei der Einführung des Effizienzlabels für Neuwagen...zugunsten der deutschen Autolobby ist eine politische Konstante." (LobbyControl 2017, S. 42)

Diese Allianz zwischen Politik und Autolobby hat sich auch im Rahmen des Abgasskandals fortgesetzt, indem die Politik mit einer gewissen Verzögerung auf die Abgasmanipulationen reagierte. Als recht unglücklich kann auch die im Zusammenhang mit der Corona-Pandemie geforderte Abwrackprämie der Autolobby bei gleichzeitiger Ausschüttung von Dividenden und Bonuszahlungen betrachtet werden, abgesehen davon, dass sie ökonomisch umstritten ist. So gibt es vielfältige Formen der Einflussnahme durch Interessenorganisationen (v. Hauff 2014, S. 238). Lobbyisten werden in der Literatur aber auch aus dem Grund kritisch beurteilt, da sie kein offizielles Mandat der Einflussnahme haben.

Es ist jedoch zu berücksichtigen, dass es Lobbyisten wie Umwelt- oder Sozialverbände gibt, die mit ihren Forderungen bzw. Programmen in der Regel nachhaltige Entwicklung fördern. Insofern stehen sich im Kontext nachhaltiger Entwicklung gegenläufige Formen der Einflussnahme gegenüber.

Ein wichtiges konstitutives Merkmal nachhaltiger Entwicklung, das abschließend noch erläutert werden soll, ist die Gerechtigkeit. Dabei geht es um intra- und intergenerationelle Gerechtigkeit. Es geht also darum Gerechtigkeit in einer Generation und zwischen den Generationen zu erhalten bzw. zu fördern. Der Verringerung von Einkommensdisparitäten stehen jedoch in der Regel große Hemmnisse entgegen. Dabei haben die Einkommensdisparitäten auch in Deutschland trotz steigender Wachstumsraten in den beiden letzten Jahrzehnten tendenziell zugenommen. (Fratzscher 2016)

Das wurde auch in verschiedenen Studien der OECD kritisch angemerkt: *„Mehr Ungleichheit trotz Wachstum (OECD 2008)"* und *„Devidid We Stand: Why Inequality Keeps Rising (OECD 2011)*. Aber auch neuere OECD Studien weisen darauf hin und auch Deutschland wurde aufgefordert seine Einkommensdisparitäten zu verringern. Dabei fällt auf, dass die Einkommen der obersten 10 Prozent der Haushalte schneller wuchsen als die Einkommen der untersten 10 Prozent. Steigende **Einkommensdisparitäten** führen in Gesellschaften zu einer Abnahme sozialer Kohärenz, d. h. des gesellschaftlichen Zusammenhalts, die zu politischer, aber auch wirtschaftlicher Instabilität führen können. (Piketty 2016) Diese Entwicklung, die in einigen europäischen Staaten bereits stattfindet, wird von Experten bei weiter steigender Einkommensungleichheit auch für Deutschland erwartet.

In diesem Kontext entstand – wie schon aufgezeigt wurde – das Konzept des „Inclusive Growth", in dem gefordert wird, dass die gesamte Bevölkerung am Wachstum partizipieren soll. Dieses Konzept hat durch den Wachstumsbericht „*Commission on Growth and Development: The Groth Report – Strategies for Sustainable Growth and Inclusive Development*" der Welt Bank 2008 verstärkt Aufmerksamkeit gefunden. Die Grundposition der OECD hierzu ist, dass Wirtschaftswachstum Chancen für alle Bevölkerungsgruppen schaffen soll und der steigende Wohlstand sowohl monetär als auch in nicht monetärer Weise fair in der Gesellschaft verteilt wird. *Dabei soll niemand zurückgelassen werden.* Inclusive Growth zielt also darauf ab, Wirtschaftswachstum mit der Reduzierung von Ungleichheit zusammen zu führen

Wie kann man aus aktueller Sicht ein Fazit aus den bestehenden Entwicklungen einerseits und den zukünftigen Herausforderungen andererseits ziehen?

So wie wir bisher gewirtschaftet haben, kann es nicht weiter gehen. Es gibt bereits Tendenzen wonach die Gesellschaft immer stärker auseinander strebt. Es mangelt an Kohärenz bzw. Solidarität. Diese Aussagen sind so oder in ähnlicher Form gegenwärtig häufig zu hören. Oft mangelt es jedoch an einer konkreten und realistischen Alternative. Wie soll es denn weiter gehen? Gefährden Reformen nicht unsere wirtschaftliche Stabilität und damit auch unseren Wohlstand? Welche Reformen sind in einer globalisierten Welt auf nationaler Ebene möglich, ohne an Wettbewerbsfähigkeit zu verlieren? Also sollten wir dann nicht lieber den bisherigen Pfad mit all seinen Unzulänglichkeiten weiter gehen?

Dem neuen Paradigma nachhaltiger Entwicklung hat die Völkergemeinschaft 1992 in Rio de Janeiro zugestimmt, da sie den bis dahin dominierten Weg für nicht zukunftsfähig hielt. Es sollte den global vorherrschenden Mainstream des Neoliberalismus ablösen. Das führte zunächst zu einer großen Euphorie. Sie basierte auf der Hoffnung, dass nachhaltige Entwicklung bei konsequenter Umsetzung einen wichtigen Beitrag zur Lösung oder zumindest zur Verringerung der drängenden Probleme bzw. Krisen beitragen könnte. Doch schon bei der Folgekonferenz 2002 war eine große Ernüchterung zu spüren.

Zwischen den Hoffnungen bzw. Visionen und der konkreten Entwicklung kam es zu einer Kluft: vielfach beließ man es dabei die Probleme zu verdrängen oder zu beklagen und ging überwiegend auf den vertrauten Pfaden einer nicht nachhaltigen Entwicklung weiter. Teilweise beschränkte man sich auf einige wenige Reformen. Eine umfassende Transformation, wie sie in dem Leitbild nachhaltiger Entwicklung angelegt und gefordert ist und in der Agenda 2030 mit den 17 Nachhaltigkeitszielen konkretisiert wurde, bleibt bisher weitgehend aus. Doch wenn sich die Auffassung „so kann es nicht weiter gehen" verfestigt, muss konkret aufgezeigt werden, wie es weiter gehen soll und wozu das führt. Das erfordert zunächst eine nüchterne Bestandsaufnahme.

Nachhaltige Entwicklung bietet heute schon vielfältige Konzepte, die sich umsetzen lassen. Nachhaltigkeit wurde bisher auch schon in verschiedenen Bereichen der Gesellschaft in unterschiedlicher Intensität und Intention eingeführt. Dieses Buch zeigt exemplarisch sowohl in Gesellschaft, Wirtschaft, Bildung, Forschung und Politik auf der Ebene der Ausgestaltung als auch auf jener der Umsetzung Möglichkeiten auf. Wenn es gelingt die Hemmnisse zu verringern und nachhaltige Entwicklung als einen Prozess zu verstehen, kann das zu einer Verbesserung der Lebensqualität für alle und zu einer langfristigen Stabilität unserer Lebensbedingungen führen. Für die Lösung drängender Probleme bleibt jedoch nicht viel Zeit.

Glossar – Wichtige Begriffe kurz erklärt

 Im Text waren zentrale Fachbegriffe mit einem → gekennzeichnet. Hier erfährst du, was sie genau bedeuten.

Agenda 21

Die Agenda 21 zeigt in ihren 40 Kapiteln alle wesentlichen Politikbereiche einer umwelt- und sozialverträglichen, d.h. nachhaltigen Entwicklung auf. Es handelt sich um das Aktionsprogramm für das 21. Jahrhundert, das bei der Konferenz in Rio de Janeiro 1992 von 178 Staaten verabschiedet wurde. Das Aktionsprogramm gibt detaillierte Handlungsaufträge, um einer weiteren Verschlechterung der Situation auf globaler, aber auch nationaler Ebene entgegenzuwirken, eine schrittweise Verbesserung zu erreichen und eine nachhaltige Nutzung der natürlichen Ressourcen sicherzustellen.

Agenda 2030

Auf der Konferenz der Vereinten Nationen über nachhaltige Entwicklung in Rio de Janeiro 2012 wurde von der UN eine Arbeitsgruppe gegründet, die eine Liste mit universellen Entwicklungszielen erstellen sollte. Das Ziel war, die nachhaltige Entwicklung weltweit zu fördern und international eine Vereinheitlichung anzustreben. Vom 25. bis 27. September 2015 fand in New York der UN-Sondergipfel zur Agenda 2030 unter dem Titel „Transforming our World: the 2030 Agenda for Sustainable Development" statt, auf dem die Agenda 2030 verabschiedet wurde. Ein wesentlicher Bestandteil dieser Agenda sind die 17 Sustainable Development Goals (SDGs), die im Rahmen von nationalen Nachhaltigkeitsstrategien in allen Ländern weltweit, d.h. sowohl von Entwicklungs- als auch von Industrieländern bis 2030 realisiert werden sollen. Die Agenda 2030 mit den 17 SDGs ist für alle Länder ein Reformprogramm, bei dem Kooperationen zwischen Ländern erwünscht sind.

Bildung

Die modernen Bildungssysteme, so wie sie im 19. Jahrhundert in Europa entstanden und im 20. Jahrhundert weiterentwickelt und ausdifferenziert wurden, reichen für die Bewältigung gegenwärtiger und zukünftiger Probleme bzw. Krisen nicht mehr aus. Bildung gilt daher als ein zentraler Bereich bzw. eine Voraussetzung für einen erfolgreichen Nachhaltigkeitsprozess. Bei Bildung für Nachhaltigkeit geht es um die Fähigkeit des Menschen sich mit Umwelt- und sozialen Fragen auseinanderzusetzen und Gestaltungskompetenz zu erwerben.

Biodiversität

Biodiversität oder biologische Vielfalt umfasst drei Bereiche, die eng mitein-ander verbunden sind: die Vielfalt und Vielzahl von Ökosystemen (Lebens-gemeinschaften, Lebensräume wie Biotop, Biom, Ökoregion, Wälder und Meere, aber auch Landschaften), die Vielfalt der Arten und die genetische Vielfalt innerhalb der Arten, d.h. die Zahl der Varianten unter den Mitglie-dern der gleichen Art. Die große Bedeutung der Biodiversität begründet sich daraus, dass sie der Menschheit natürliche Dienstleistungen bzw. Ökosystemdienstleistungen bereitstellt, wovon die Menschheit existenziell abhängig ist.

Corporate Social Responsibility (CSR)

Corporate Social Responsibility (engl. für gesellschaftliche Unternehmens-verantwortung) ist ein Konzept, das Unternehmen als Grundlage dient, soziale und Umweltbelange in ihre Tätigkeit und in die Wechselbeziehung mit ihren Stakeholdern zu integrieren. Lange Zeit war der freiwillige Cha-rakter gesellschaftlicher Unternehmensverantwortung ein konstitutives Merkmal von CSR. In den letzten Jahren entwickeln sich aber zunehmend internationale Standards und Gesetzesinitiativen, die CSR verpflichtend machen. Dementsprechend legte auch die Europäische Kommission im Jahr 2011 eine neue Definition vor, wonach CSR allgemein „die Verantwortung von Unternehmen für ihre Auswirkungen auf die Gesellschaft" ist.

Digitalisierung

Digitalisierung ist ein anthropogener Prozess, der aus technischer Sicht als Datenkonvertierung zu verstehen ist. In einem allgemeineren Sinn ist der Prozess als Durchdringung der Gesellschaft und der Arbeitswelt mit digitaler Technologie zu interpretieren. Führt man die beiden Prozesse zusammen, so kann Digitalisierung in einer ersten Annäherung als Daten-transformation und -quantifizierung verstanden und als Durchdringung aller Lebensbereiche mit digitaler Technologie definiert werden.

Fair Trade

Fair Trade ist eine Handelspartnerschaft, die auf Dialog, Transparenz und Respekt basiert und die zu mehr Gerechtigkeit im internationalen Handel führen soll. Das Fair-Trade-Konzept leistet einen Beitrag zu nachhaltiger

Entwicklung, indem es den Kleinfarmern und Arbeitern in Entwicklungsländern ein gerechtes Einkommen und gerechte Arbeitsbedingungen gewährt.

Gewerbegebiet

Ein →Gewerbegebiet ist im Sinne des Städtebaurechts ein besonders ausgewiesenes Gebiet einer Gemeinde, in dem vorwiegend Gewerbebetriebe zulässig sind. Sie unterscheiden sich hinsichtlich ihrer Größe und der Zusammensetzung der Unternehmen (Industrie-, Handwerks- bzw. Dienstleistungsunternehmen). In der Nachhaltigkeitsforschung und Praxis fand die Handlungsebene des Gewerbegebiets bisher noch vergleichsweise wenig Beachtung. Die nachhaltige Gestaltung von Gewerbegebieten, die sowohl Aspekte kommunaler als auch unternehmerischer Nachhaltigkeit umfasst, wird jedoch in ihrer Bedeutung für eine dauerhaft wettbewerbsfähige Ausrichtung kommunaler Wirtschaftsstandorte in zunehmendem Maße wahrgenommen.

Indikator

In der Volkswirtschaftslehre können bestimmte Tatbestände nicht direkt gemessen, sondern nur über sogenannte Indikatoren, wie z. B. das Bruttoinlandsprodukt pro Kopf oder das Pro-Kopf-Vermögen, quantifiziert werden. Hierbei spricht man auch von dem Adäquanzproblem. Es ist dadurch zu lösen, dass die zu erfassenden Tatbestände in sachlicher, räumlicher und zeitlicher Hinsicht möglichst exakt operationalisiert und abgegrenzt werden. Dieser in der Ökonomie dominierende Indikator, wird den Anforderungen nachhaltiger Entwicklung nicht gerecht. Die 17 Nachhaltigkeitsziele der Agenda 2030 werden durch Indikatoren quantifiziert, die den Fortschritt der Ziele aufzeigen.

Inklusives grünes Wachstum (Inclusive Green Growth)

Das ursprüngliche Konzept des Inclusive Growth hat seine Wurzeln in Arbeiten zur sozialen Gerechtigkeit und Teilhabe. Die Einbeziehung der ökologischen Dimension führte dann in der Literatur auch zu der erweiterten Begrifflichkeit des „Inclusive Green Growth". Er wurde erstmals 2012 im Zusammenhang mit der Rio+20 Konferenz eingeführt. Diese Begrifflichkeit wurde damit begründet, dass eine *"equitable green economy"* oder ein *"inclusive green growth"* eher dem holistischen Verständnis nachhaltiger Entwicklung entspricht als „*green economy*" oder „*green growth*".

Innovation

Die Innovation wird im traditionellen Verständnis dem →technischen Fortschritt zugeordnet. Die Dynamik, mit der sich Innovationen in einer Volkswirtschaft durchsetzen, hängt von mehreren Faktoren ab: institutionellen Faktoren wie Patentschutz und Wettbewerb, sowie soziologischen und sozialpsychologischen Faktoren. Schumpeter, einer der Begründer der modernen Innovationstheorie, fasst den Begriff der Innovation weit, indem er Prozessinnovationen, Produktinnovationen und organisatorische Innovationen hinzurechnet. Im Kontext nachhaltiger Innovationen nehmen der umwelttechnische Fortschritt aber auch soziale Innovationen eine immer größere Bedeutung ein.

Intragenerative Gerechtigkeit

Sie fordert einen gerechten Ausgleich zwischen den Interessen der Menschen in Industrieländern und Entwicklungsländern. Die neuere Diskussion zur intragenerativen Gerechtigkeit schließt aber auch den Interessenausgleich zwischen den Menschen in jedem einzelnen Land, also auch in Industrieländern mit ein.

Intergenerative Gerechtigkeit

Zukünftige Generationen sollen in ihrer Bedürfnisbefriedigung nicht durch die Lebensweise der gegenwärtig lebenden Generation beeinträchtigt werden.

Konsum

Konsum ist in der Wirtschaftswissenschaft bis heute primär durch die Konsumentensouveränität geprägt. Danach werden die Wahlfreiheit und Selbstbestimmung, wodurch Konsumentensouveränität bestimmt ist, als hohe Güter angesehen: jeder Konsument will in seinen Entscheidungen völlig frei sein. Die persönliche Freiheit ist im Kontext nachhaltiger Entwicklung jedoch dort zu begrenzen, wo die Rechte anderer, auch zukünftig lebender Menschen bzw. Generationen, negativ berührt werden. Das Individualprinzip ist also dem Gemeinwohl dann unterzuordnen, wenn der Konsum Einzelner die Gemeinschaft bzw. Teile der Gemeinschaft belastet.

Korruption

Sie zeigt den Grad der Bestechlichkeit besonders von Bürokraten und Politikern an. Die Intransparenz bürokratischer und politischer Strukturen und Entscheidungsprozesse (Informationsasymmetrie), aber auch die Machtungleichverteilung ermöglicht bzw. fördert die Korruption. Die mangelnden Kenntnisse der rechtlichen Ansprüche vieler Menschen sind eine wichtige Ursache von Korruption. Allgemein kann man feststellen, dass Korruption ein wichtiges Hemmnis für die Dynamik nachhaltiger Entwicklung ist.

Nachhaltige Entwicklung

Die Definition des Brundtland-Berichtes ist weit verbreitet und stellt für viele Beiträge zu diesem Thema einen gemeinsamen Ausgangspunkt dar. Der Weg zur dauerhaften bzw. nachhaltigen Entwicklung wird im Brundtland-Bericht wie folgt beschrieben: „Dauerhafte Entwicklung ist Entwicklung, die die Bedürfnisse der Gegenwart befriedigt, ohne zu riskieren, dass künftige Generationen ihre eigenen Bedürfnisse nicht befriedigen können." Weiterhin geht es darum die drei Dimensionen Ökologie, Ökonomie und Soziales ausgewogen unter Berücksichtigung der natürlichen Grenzen zusammenzuführen. Damit ist ein neues Gleichgewichtsverständnis entstanden, das eingefordert wird.

Ressourcen

Natürliche Ressourcen lassen sich in erneuerbare und nicht erneuerbare Ressourcen unterscheiden. Aus ressourcenökonomischer Sicht geht es primär um die Frage, wie sich Ressourcenknappheit überwinden lässt. Bisher ging es hauptsächlich um nicht erneuerbare Ressourcen wie Erdöl und Erdgas. In den vergangenen Jahren wurde jedoch in zunehmendem Maße deutlich, dass es auch andere nicht erneuerbare Ressourcen wie seltene Erden oder seltene Metalle gibt, die für die Sicherung der Herstellung bestimmter Güte von zentraler Bedeutung sind.

Schwache Nachhaltigkeit (Weak Sustainability)

Ausgangspunkt dieses Nachhaltigkeitsverständnisses ist, dass Naturkapital durch Sachkapital beliebig substituiert werden kann. Entsprechend lässt sich der Verbrauch nicht erneuerbarer Ressourcen (Naturkapitel) durch Investitionen in Kapitalgüter (Sachkapital) kompensieren. Dies setzt Indifferenz zwischen Naturkapital und Sachkapital für zukünftige Generationen voraus.

Starke Nachhaltigkeit (Strong Sustainability)
Dieses Nachhaltigkeitsverständnis ist das zentrale Paradigma der ökologischen Ökonomie. Sie stellt die Substituierbarkeit von Natur- durch Sachkapital grundsätzlich infrage. Eine wichtige Begründung ist, dass das menschliche Überleben von der Erhaltung besonders sensibler Ökosysteme wie das Klimasystem bzw. die Biodiversität abhängt. Daher kann der zunehmende Klimawandel oder die Abnahme der Biodiversität nicht durch Sachkapital kompensiert werden.

Stakeholder
Der Begriff Stakeholder kam in den 1960er-Jahren auf. Das Stakeholder Konzept grenzt sich von einer einseitigen Ausrichtung des Managements auf die Interessen der Aktionäre (Shareholder) eindeutig ab. Es geht vielmehr davon aus, dass das soziale und wirtschaftliche Umfeld von Unternehmen und Organisationen von herausragender Bedeutung für den Erfolg ist. Als Stakeholder werden die verschiedenen Anspruchsgruppen des Unternehmens aufgeführt. Dabei geht es um Mitarbeiter, Eigentümer, Kunden, aber auch Kreditgeber, den Staat, Kommunen und Verbände.

Technischer Fortschritt
Der technische Fortschritt kann grundsätzlich in zwei verschiedenen Ausprägungen auftreten, die sich teilweise auch überschneiden können. Einmal geht es um die Herstellung neuer, verbesserter Produkte (Produktinnovation) und zum anderen um die Einführung verbesserter Produktionsverfahren, die die Produktion derselben Menge eines veränderten Produktes mit einem geringeren Einsatz an Produktionsfaktoren ermöglicht (Prozessinnovation). Hiervon wird teilweise noch der organisatorische Fortschritt abgegrenzt, der sich in organisatorischen Innovationen manifestiert. Der unternehmerische Anreiz zur Entwicklung des technischen Fortschritts liegt darin, die Position am Markt zu verbessern, indem der Gewinn erhöht bzw. die Wettbewerbsposition verbessert wird. Im Kontext nachhaltiger Entwicklung geht es hauptsächlich um umwelttechnischen Fortschritt, der jedoch durch soziale Innovationen gefördert werden soll. Was bringt es, wenn alternative Mobilitätskonzepte von der Bevölkerung nicht entsprechend angenommen werden.

Wirtschaftswachstum

Wirtschaftswachstum kann entweder durch den vermehrten Einsatz von Kapital und/oder Arbeit oder durch technischen Fortschritt generiert werden. Extensives Wachstum liegt vor, wenn das reale Bruttoinlandsprodukt in gleichem Maße wie die Bevölkerung wächst, während intensives Wachstum zu einer Erhöhung des realen Bruttoinlandsproduktes pro Kopf führt. Wirtschaftswachstum wird im Rahmen nachhaltiger Entwicklung kontrovers diskutiert. Es besteht ein breiter Konsens, dass das Bruttoinlandsprodukt kein aussagefähiger Indikator für die Messung eines nachhaltigen Wachstums ist. In diesem Kontext entstanden Ansätze wie Green Growth oder Inclusive Green Growth.

Verwendete Literatur

Adams, R., Jeanrenaud, S., Bessant, J., Denyer, D., Overy, P.: Susstainability-orientied Innovation. A Systematic Review. International Journal of Management Receivers 18, 2016, S. 180-205.

Allen, C., Clouth, S.: A Guidebook to the Green Economy. Issue 1: Green Economy, Green Growth, and Low-Carbon Development-history, definitions and a guide to recent publication, Devision for Sustainable Development, UNDESA 2012.

Altenburger, R.: Nachhaltiges Innovationsmanagement, in: Schneider, A., Schmidpeter, R. (Hrsg.): Corporate Social Responsibility, Berlin Heidelberg 2015, S. 595-605.

Amaral, L. P., Martins, N., Gouveia, J. B.: Quest for sustainable university: A review. In. Interational Journal of Sustainability in Higher Education, 16(2), S. 155-172.

Ar, IM: The Impact of green product innovation on firm performance and competitive capability: the moderating role of managerial environment concern. Procedia – Social and Behavioral Sciences 62, S. 854-864.

Assmann, D., Honold, J., Grabow, B., Roose, J.: SDG-Indikatoren für Kommunen –Indikatoren zur Abbildung der Sustainable Development Goals der Vereinten Nationen in deutschen Kommunen. Hrsg. Bertelsmann Stiftung, Bundesinstitut für Bau-, Stadt- und Raumforschung, Deutscher Landkreistag, Deutscher Städtetag, Deutscher Städte- und Gemeindebund, Deutsches Institut für Urbanistik, Engagement Global, Gütersloh 2018.

Bachmann, G.: Die Deutsche Nachhaltigkeitsstrategie 2016 – Stand und Perspektiven, in: Michelsen, G. (Hrsg.): Die Deutsche Nachhaltigkeitsstrategie – Wegweiser für eine Politik der Nachhaltigkeit, Wiesbaden 2017.

Balderjahn, I. (2013): Nachhaltiges Management und Konsumentenverhalten, Konstanz und München.

Bales, K.: Disposable People: New Slavery in the Global Economy, Revised edition, Berke-ley, Los Angeles 2012.

Beständig, U.: Nachhaltige Gewerbegebiete. Gut für die Biodiversität, attraktiv für Unternehmen, Lüneburg 2015.

Blien, U.: Digitalisierung, Nachhaltigkeit und Arbeitsmarkt, in: v. Hauff, M., Reller, A. (Hrsg.): Nachhaltige Digitalisierung – eine noch zu bewältigende Zukunftsaufgabe, Wiesbaden 2020.

Blind, K., Quitzow,R.: Nachhaltige Innovationen – Aktueller Stand der Forschung und Ausblick aus innovationsökonomischer Perspektive, in: Gordon, G., Nelke, A. (Hrsg.): CSR und nachhaltige Innovation, Heidelberg 2017, S. 13-24.

Block, M.: Die Agenda 2030: Eine Steilvorlage für zivilgesellschaftliches Engagement, eNewsletter Wegweiser Bürgergesellschaft 3/2020 vom 19.3.2020.

BMBF (Bundesministerium für Bildung und Forschung): Bericht der Bundesregierung zur Bildung für nachhaltige Entwicklung, Berlin 2002.

BMU Bundesministerium für Umwelt, Naturschutz und Reaktorsicherheit: Agenda 21, Konferenz der Vereinten Nationen für Umwelt und Entwicklung, Berlin 1992.

BMUB (Bundesministerium für Umwelt, Naturschutz, Bau und Reaktorsicherheit): EU-Nachhaltigkeitspolitik, 2017, URL: www.bmu.de/themen/nachhaltigk eit-internationales/europa-und-umwelt/eu-nachhaltigkeitspolitik/, Abrufdatum: 15.04.2018.

BMZ (Bundesministerium für wirtschaftliche Zusammenarbeit und Entwicklung) (2017): Agenda 2030 – 17 Ziele für nachhaltige Entwicklung, URL: www.bmz.de/ de/ministerium/ziele/2030_agenda/index.html, Abrufdatum: 27.03.2017.

BMZ (Bundesministerium für wirtschaftliche Zusammenarbeit und Entwicklung): Internationale Ziele – Die Agenda 2030 für nachhaltige Entwicklung, 2017, URL: www.bmz.de/de/ministerium/ziele/2030_agenda/index.html, Abrufdatum: 27.03.2017.

Bornemann, B.: Policy-Integration und Nachhaltigkeit: Integrative Politik in der Nachhaltigkeitsstrategie der deutschen Bundesregierung, 2. Aufl., Wiesbaden 2014.

Brunkhorst, S., Obenland, W.: SDGs für die Bundesländer – Die Rolle der Länder bei der Umsetzung der Agenda 2030 für nachhaltige Entwicklung, Global Policy Forum, Januar 2017.

Bundesregierung: Perspektiven für Deutschland – Unsere Strategie für eine nachhaltige Entwicklung, 2002, URL: www.nachhaltigkeitsrat.de/fileadmin/user_upload/ dokumente/pdf/Nachhaltigkeitsstrategie_komplett.pdf, Abrufdatum: 02.03.2017.

Bundesregierung: Nachhaltigkeitsstrategie – Neuauflage 2016, URL: www.bun desregierung.de/Content/Infomaterial/BPA/Bestellservice/Deutsche_Nachhaltig keitsstrategie_Neuauflage_2016.pdf?__blob=publicationFile&v=7, Abrufdatum: 02.03.2017.

Bundesregierung: Digitalisierung gestalten – Umsetzungsstrategie, Aktualisierung März 2019, Berlin 2019.

Carlowitz, H. C. von: Sylvicultura oeconomica oder hauswirtschaftliche Nachricht und naturmäßige Anweisung zur wilden Baum-Zucht; Leipzig 1713 (Reprint Freiberg 2000).

Clausen, J., Fichter, K.: Pfadabhängigkeiten und ihre Bedeutung für die Transformation zu einer Green Economy, Borderstep Institut, Policy Paper 2018.

Commission of the European Communities: A Sustainable Europe for a Better World: A European Union Strategy for Sustainable Development, 2001, URL: http://ec.e uropa.eu/regional_policy/archive/innovation/pdf/library/strategy_sustdev_en.p df, Abrufdatum: 15.04.2018.

Costanza, R. u.a.: The Value of the World's Ecosystem Services and Natural Capital, in: Nature 387 (1997). URL: www.researchgate.net/publication/401972 97_The_value_of_the_world's_ecosystem_services_and_natural_capital_Nature , Abrufdatum: 13.05.2020.

Daly, H. E.: Toward some operational principles of sustainable development, in: Ecological economics, 1990, 2. Jg., Nr. 1, S. 1-6.

Dauth, W.; Findeisen, S.; Suedekum, J.; Wößner, N.: German Robots – The Impact of Industrial Robots on Workers, IAB discussion paper (30) 2017.

Diefenbacher, H., Zieschank, R.: Woran sich Wohlstand wirklich messen lässt – Alternativen zum Bruttoinlandsprodukt, München 2011.

Ellen McArthur Foundation 2017: The new Plastics Economy, Washington 2017.

European Commission: Next steps for a sustainable European future -European action for sustainability, 2016, URL: https://ec.europa. eu/europeaid/sites/devco/files/communication-next-steps-sustainable-europe-20161122_en.pdf, Abrufdatum: 04.05.2018.

Eurostat: Key findings – How has the EU progressed towards the SDGs?, URL: http ://ec.europa.eu/eurostat/web/sdi/key-findings, Abrufdatum: 29.05.2018.

Eurostat: Sustainable development in the European Union – Monitoring report on progress towards the SDGs in an EU context, URL: http://ec.europa.eu/eurosta t/documents/3217494/8461633/KS-04-17-780-EN-N.pdf/f7694981-6190-46fb-99d6 -d092ce04083f, Abrufdatum: 15.04.2018.

Fischer, C., Scholz, I.: Universelle Verantwortung – Die Bedeutung der 2030-Agenda für eine nachhaltige Entwicklung der deutschen Bundesländer. DIE Discussion Paper 12/2015, Bonn, URL: www.entwicklungspolitik-deutsche.laender.de/sites/ default/files/die_studie_rolle_deutscher_laender_sdgs.pdf

Fischer, D., Hauff, M. von: Nachhaltiger Konsum, Wiesbaden 2017.

Fischer, K., Baudach, T., Hauff, M. von: Nachhaltige Gewerbe- und Industriegebiete – Theoretische Begründung und konzeptionelle Ausgestaltung, Volkswirtschaftli- che Diskussionsbeiträge der Technischen Universität Kaiserslautern , No. 39-15, 2015.

Fratscher, M.: Verteilungskampf. Warum Deutschland immer ungleicher wird, München 2016.

Freemann, C.: Technology Policy and Economic Reformance: Lessons from Japan, London 1987.

Frey, C. B., Osborne, M. A.: The future of employment: How susceptible are jobs to computerisation? In: Technological Forecasting and Social Change 114, 2017, S. 254-280.

GfK Verein: Studie "Nachhaltigkeitseinfrage", September 2015; www.nim.org/comp act/fokusthemen/nachhaltige-bekanntheit.

Gleser, S., Schneider, S.H., Buder, M.: Die deutsche Entwicklungspolitik im Spiegel der Öffentlichkeit – der DEval-Meinungsmonitor (MeMo) Entwicklungspolitik 2018.

Gran, C.: Perspektiven einer Wirtschaft ohne Wachstum. Adaption des kanadischen Modells LowGrow an die deutsche Volkswirtschaft, Marburg 2017.

Grunwald, A.; Kopfmüller, J.: Nachhaltigkeit, Frankfurt, 2. Aufl., New York 2012.

Gupta, J., Vegelin, C.: Sustainable development goals and inclusive development, in: International Environmental Agreements, Volume 16, No. 3, S. 433-448.

Haan, G. de: Gestaltungskompetenz als Kompetenzkonzept für Bildung für nachhaltige Entwicklung, in: Bormann, I., de Haan, G. (Hrsg.): Kompetenzen der Bildung für nachhaltige Entwicklung – Operationalisierung, Messung, Rahmenbedingungen, Befunde, Wiesbaden, 2008, S. 23 – 44.

Hallmann, C. A. et al.: More than 75 percent decline over 27 years in total flying insect biomass in protected areas, in: PLOS ONE | https://doi.org/10.1371/journa l.pone.0185809 October 18, 2017

Hauff, M. von: Grundlagen Circular Economy – Vom internationalen Nachhaltigkeitskonzept zur politischen Umsetzung, 2. Aufl., München 2024.

Hauff, M. von, Claus, K.: Fair Trade, 3. Aufl., Konstanz und München 2017.

Hauff, M. von, Fischer, K.: Industrial and commercial zone planning according to the requirements of sustainable development, in: Hauff, M. von; Kuhnke, C. (eds.): Sustainable Development Policy. A European Perspective, London New York 2017, S. 228-249.

Hauff, M. von, Jörg, A.: Nachhaltiges Wachstum, 2.Aufl., München 2017.

Hauff, M. von, Mistri, A.: Economic Development and Water Sustainability – Study from an Emerging Nation, India, New Delhi 2016.

Hauff, M. von, Nguyen, T. (Hrsg.): Nachhaltige Wirtschaftspolitik, Baden Baden 2013.

Hauff, M. von, Nguyen, T.: Universitäten als Förderer nachhaltiger Entwicklung, in: von Hauff, M., Nguyen, T. (Hrsg.): Fortschritte in der Nachhaltigkeitsforschung, Baden Baden 2018, S. 315-343.

Hauff, M. von: Digitalisierung: Die nachhaltigkeitsökonomische Perspektive, in: Hauff, M. von, Reller, A. (Hrsg.): Nachhaltige Digitalisierung – eine noch zu bewältigende Zukunftsaufgabe, Wiesbaden 2020.

Hauff, M. von: Nachhaltige Entwicklung, 3. Auflage, München 2021

Hauff, M. von: Nachhaltige Entwicklung, 2. Aufl., München 2014.

Hauff, M. von; Fischer, K.: Industrial and commercial zone planning according to the requirements of sustainable development, in: v. Hauff, M., Kuhnke C. (eds.): Sustainable Development Policy – A European Perspective, Routledge, London New York 2017.

Hauff, M. von; Reller, A.: Nachhaltige Entwicklung und Digitalisierung: Eine noch nicht ganz geklärte Herausforderung, in: Hauff, M. von Reller, A. (Hrsg.): Nachhaltige Digitalisierung – eine noch zu bewältigende Zukunftsaufgabe, Wiesbaden 2020.

Hauff, M. von; Schulz, R., Wagner, R.: Deutschlands Nachhaltigkeitsstrategie, Konstanz und München 2018.

Hauff, V. (Hrsg.): Unsere gemeinsame Zukunft – Der Brundtland-Bericht der Weltkommission für Umwelt und Entwicklung, Greven 1987.

Holden, E.; Linnerud, K.; Banister, D.: The imperatives of sustainable development, in: Sustainable Development, 25. Jg., Nr. 3, S. 213-226, 2017.

Holfste, R.; W., Reig, P.; Schleifer, L.: 17 Countries, Home to One-Quarter of the World's Population, Face Extremely High Water Stress, World Resource Institut, August 2019.

Homburg, A.: Digitalisierung und Konsum: Erkundung positiver und negativer Potentiale für nachhaltiges Konsumverhalten, in: Hauff, M. von; Reller, A. (Hrsg.): Nachhaltige Digitalisierung – eine noch zu bewältigende Zukunftsaufgabe, Wiesbaden 2020.

Hutt, W.: Economists and the Public: A Study of Competition and Opinion, London, reprinted New Brunswick: Transaction Publishers 1936.

IPBES (Intergovernmental Science-Policy Platform on Biodiversity and Ecosystem Servicies): The assessment report on POLLINATORS, POLLI- NATION AND FOOD PRODUCTION, Bonn 2016.

IPBES (Intergovernmental Science-Policy Platform on Biodiversity and Ecosystem Servicies): Summary for policymakers of the global assessment report on biodiversity and ecosystem services of the Intergovernmental Science-Policy Platform on Biodiversity and Ecosystem Services, Bonn 2019.

International Justice Mission: Wirkungsbericht 21/22, Berlin 2022.

Jackson, T., Victor, P.A.: Does slow growth lead to rising inequality? Some theoretical reflections and numerical simulations, in: Ecological Economics, vol. 121, issue C, 2016, S. 206-219.

Kerkow, U.: Ländersache Nachhaltigkeit – Die Umsetzung der Agenda 2030 für nachhaltige Entwicklung durch die Bundesländer, Global Policy Forum, Bonn 2017.

Kleinhückelkotten, S., Neitzke, H.-P., Moser, S.: Repräsentative Erhebung von Pro-Kopf-Verbräuchen natürlicher Ressourcen in Deutschland, Umweltbundesamt für Mensch und Umwelt, Dessau-Roßlau 2016.

KOM: Mitteilung der Kommission an das Europäische Parlament, den Rat, den Europäischen Wirtschafts- und Sozialausschuss und den Ausschuss für Regionen: Rio+20: hin zu einer umweltverträglichen Wirtschaft und besserer Governance, Brüssel 2011.

Krause, P., Weinrauch, W.: Ware Mensch. In den Ketten des Geldes, Flensburger Hefte, FH Flensburg 1/2013.

Krugman, P.R., Obstfeld, M., Melitz, M.J.: Internationale Wirtschaft. Theorie und Politik der Außenwirtschaft, 11. Auflage, Hallbergmoos 2019

Krugman, P.R., Obstfeld, M., Melitz, M.J.: Internationale Wirtschaft. Theorie und Politik der Außenwirtschaft, 10. Aufl., Hallbergmoos 2015.

Landesnetzwerk Bürgerliches Engagement Bayern: Engagiert in Bayern – Informationen aus dem Landesnetzwerk Bürgerschaftliches Engagement 2018, URL: www.fonds-soziokultur.de.

Latouche, S.: Es reicht! Abrechnung mit dem Wachstumswahn, München 2015.

Latouche, S.: Farewell to Growth, Cambridge: Policy Press 2009.

Laws, N.: Biodiversität, Gesellschaft, Politik, Wirtschaftssystem, Lüneburg 2015.

Le Blanc, D.: Towards Integration at least? The Sustainable Development Goals as a network of targets, New York: UN DESA Working Paper No. 14, 2015.

Leibnitz-Institut für Friedens- und Konfliktforschung: 2024/Welt ohne Kompass – Friedensgutachten, Frankfurt 2024.

Leif, T., Speth, R.: Die fünfte Gewalt – Lobbyismus in Deutschland, Wiesbaden 2006.

Leisinger, K.M.: Die Kunst der verantwortungsvollen Führung , Bonn 2018.

Lerch, A.: Das Prinzip der Konsumentensouveränität aus ethischer Sicht, in: zfuw Nr. 12, S. 174–86, 2010.

LobbyControl: Lobby Report 2017, Berlin 2017.

Martens, J.: Agenda 2030 kommunal – Die Umsetzung der UN-Nachhaltigkeitsziele in Städten und Gemeinden, Global Policy Forum, November 2017, URL: http://esa.un.org/unpd/wup/CD-ROM/.

Martens, J.; Obenland, W.: Die Agenda 2030 – Globale Zukunftsziele für Nachhaltige Entwicklung, Bonn/Osnabrück 2017.

McNamara, R.: Ansprache an die Gouverneure, Nairobi 24.9.1973.

Michelsen, G.; Fischer, D.: Bildung für nachhaltige Entwicklung, Wiesbaden 2017.

Michelsen, G. (Hrsg.): Die deutsche Nachhaltigkeitsstrategie – Wegweiser für eine Politik der Nachhaltigkeit, Wiesbaden 2017.

Mishan, E.J.: The Costs of Economic Growth, London 1967.

Müller, M.; Bessas, Y.: Potenziale von Brancheninitiativen zur nachhaltigen Gestaltung von Liefer- und Wertschöpfungsketten. Studie für das Bundesministerium für Arbeit und Soziales, Ulm, Berlin, 2017.

Neumayer, E.: Weak Versus Strong Sustainability, 3. Edition, Cheltenham 2013.

Nguyen, T.: Nachaltige Finanzmarktpolitik, in: Hauff, M. von, Nguyen, T. (Hrsg.): Nachhaltige Wirtschaftspolitik, Baden Baden 2013, S. 351-381.

OECD (Organisation for Economic Co-operation and Development): Auf dem Weg zu umweltverträglichen Wachstum, Zusammenfassung für politische Entscheidungsträger, Paris 2012.

OECD (Organisation for Economic Co-Operation and Development): Divided We Stand: Why Inequality Keeps Rising, Paris 2011.

OECD (Organisation for Economic Co-Operation and Development): Good Practices in the National Sustainable Development Strategies of OECD Countries, Paris 2006.

OECD (Organisation for Economic Co-operation and Development): Making Inclusive Growth Happen, Paris 2014.

OECD: Global Material Resources Outlook to 2060, Paris 2018.

Overseas Development Institute: The Sustainable Development Goals and their trade off, London 2017.

Pearson, L.B.: Partners in Development, Wien 1969.

Pierson, P.: Politics in time. History, Institutions and Social Analysis, Princeton University Press, Princeton NJ u. a. 2004.

Piketty, T.: Das Kapital im 21. Jahrhundert, München 2016.

Prognos: Analyse von Konzepten zu „Green Growth", im Auftrag des Bundesministeriums für Wirtschaft und Technologie, Basel, München 2014.

Pyka, A.; Urmetzer, S.: Understanding innovation processes: An overview of evolutionary innovation models, REELER Working Paper, 2017.

Quaas, R.: Fair Trade: eine global-lokale Geschichte am Beispiel des Kaffees. Köln: Böhlau; 2015.

Rat für Nachhaltige Entwicklung: Der Nachhaltige Warenkorb. Einfach besser einkaufen. Ein Ratgeber, UTL: www.nachhaltiger-warenkorb.de / abgerufen 2019.

Rat für nachhaltige Entwicklung: Nachhaltiges Wirtschaften und Sustainable Finance, 2023 https://www.nachhaltigkeitsrat.de/nachhaltige-entwicklung/nachhaltiges-wirtchaften-sutainable-finace/

Reichholf, J.H.: Biodiversität. Bedeutung, Gefährdung, Wiederherstellung biologischer Vielfalt, Wiesbaden 2020

Reller, A.: Schont die Digitalisierung Ressourcen?, in: Hauff, M. von; Reller, A. (Hrsg.): Nachhaltige Digitalisierung – eine noch zu bewältigende Zukunftsaufgabe, Wiesbaden 2020.

Ribolits, Erich (2009): Bildung ohne Wert – Wider die Humankapitalisierung des Menschen, Wien 2009.

Roberts, C. et al.: 30X30 A Blueprint for Ocean Protection. How we can protect 30 % of our oceans by 2030. URL: https://storage.googleapis.com/planet4-internat ional-stateless/2019/03/5db0f88b-greenpeace-30x30-blueprint-report.pdf (Abruf: 19.04.2019).

Schmidbauer, W.: Die Kunst der Reparatur, München 2020.

Schmidpeter, R.: CSR, Sustainable Entrepreneuership und Social Innovation – Neue Ansätze der Betriebswirtschaftslehre, in: Schneider, A.; Schmidpeter, R. (Hrsg.): Corporate Social Responsibility – Verantwortungsvolle Unternehmensführung in Theorie und Praxis, 2. Aufl., Berlin Heidelberg 2015, S. 135-144.

Scholz, I.: Herausforderung Sustainable Development Goals, in: Michelsen, G. (Hrsg.): Die Deutsche Nachhaltigkeitsstrategie – Wegweiser für eine Politik der Nachhaltigkeit, Wiesbaden: Hessische Landeszentrale für politische Bildung (HLZ), 2017, S. 23-40.

Scholz, I.: National strategies for sustainable development between Rio 1992 and New York 2015, in: Hauff, M. von; Kuhnke, C. (eds): Sustainable Development Policy – A European Perspective, Routledge, London New York 2017, S. 24-45.

Schrader, L.: Gewaltsame Konflikte und Kriege – aktuelle Situation und Trends, Bundeszentrale für politische Bildung, Bonn 2022.

Schrader, L: Einführung: Paradigmenwechsel im Umgang mit gewaltsamen Konflikten? Bundeszentrale für politische Bildung, Bonn 2023.

Schumpeter, J.: Theorie der wirtschaftlichen Entwicklung, Göttingen 1964.

Schumpeter, J: Theorie der wirtschaftlichen Entwicklung. Eine Untersuchung über Unternehmergewinn, Kapital, Kredit, Zins und den Konjunkturzyklus, Berlin 1987 (erstmals 1911 erschienen).

Seidel, I., Zahrnt, A. (Hrsg.): Tätigsein in der Postwachstumsgesellschaft, Marburg 2019.

Sen, A.: Ökonomie für den Menschen – Wiege zur Gerechtigkeit und Solidarität in der Marktwirtschaft, München Wien 2000.

Sons, S.: Menschenrechte sind nicht käuflich. Warum die WM in Katar auch bei uns zu einer neuen Politik führen muss, Zürich 2022.

Soundararajan, V., Brown, J.A., Wicks, A.C.: Can Multi- Stakeholder Initiatives Improve Global Supply Chains? Improving Deliberative Capacity with a Stakeholder Orientation, in: Business Ethics Quarterly, 29 (03), 2019, S. 385-412.

Spraul, K., Friedrich, C.: Mit Digitalisierung zur Agenda 2030: Der Weg über digitale Innovationen, in: Spraul, K. (Hrsg.): Nachhaltigkeit und Digitalisierung. Wie digitale Innovationen zu den Sustainable Development Goals beitragen, Baden Baden 2019, S. 15-36.

Spraul, K., Kiefhaber, E.: Nachhaltigkeitsmanagement, in: Hauff, M. von; Nguyen, T. (Hrsg.) Fortschritte in der Nachhaltigkeitsforschung, Baden-Baden 2018, S. 33-53.

Statistisches Bundesamt: Statistiken zur Armut in Deutschland, 2017, URL: https://de.statista.com/themen/120/armut-in-deutschland/, Abrufdatum: 20.09.2017.

Statistisches Bundesamt: Wert der Rüstungsexporte aus Deutschland von 2000 bis 2016 (anhand des TIV* in Millionen), 2017, URL:https://de.statista.com/statistik/daten/studie/152204/umfrage/entwicklung-der-ruestungsexporte-aus-deutschland-seit-dem-jahr-2000/, Abrufdatum: 24.09.2017.

Stiglitz, J.: Der Preis für Ungleichheit, München 2012.

Stoltenberg, U.; Fischer, D.: Bildung und Kommunikation als integraler Bestandteil der Deutschen Nachhaltigkeitsstrategie, in: Michelsen, G. (2017): Die Deutsche Nachhaltigkeitsstrategie – Wegweiser für eine Politik der Nachhaltigkeit, Wiesbaden: Hessische Landeszentrale für politische Bildung (HLZ), 2017, S. 123-140.

Sturn, R.: Grenzen der Konsumentensouveränität und die Perspektiven der Meritorik, in:Held, M, Kubon-Gilke, G.; Sturn, R. (Hrsg.) (2013): Grenzen der Konsumetesouveränität – Normative und institutionelle Grundlagen der Ökonomik, Jahrbuch 12, Marburg, S. 15–39.

UBA (Umwelt Bundesamt): Auswertung der Agenda 2030 und Auswertung hinsichtlich ihres kommunalen Bezugs Texte 105, Dessau-Roßlau 2017.

UBA (Umwelt Bundesamt): Index der Luftschadstoffemissionen, 2017, URL: www.umweltbundesamt.de/sites/default/files/medien/384/bilder/dateien/02-luft_luft-01_emission-luftschadstoffe_abbildung.pdf, Abrufdatum: 02.10.2017.

UBA (Umweltbundesamt) Pressemitteilung Nr. 11/2020, 16.03.2020.

UBA (Umweltbundesamt): Umweltbewusstsein in Deutschland, 2019, umweltbewusstsein-in-deutschland, online:https://www.umweltbundesamt.de/themen/nachhal-tigkeit-strategien-internationales/gesellschaft-erfolgreich-veraendern/, abgerufen am: 16.10.2019.

Umweltbundesamt: Wissensplattform Nachhaltige Finanzwirtschaft, Dessau-Roßlau 2024.

UN (United Nations): Millennium Development Goals, 2000, URL: www.un.org/mil
lenniumgoals/, Abrufdatum: 18.09.2017.

UN (United Nations): Resolution der Generalversammlung, verabschiedet am 01.
September 2015 – 69/315. Entwurf des Ergebnisdokuments des Gipfeltreffens
der Vereinten Nationen zur Verabschiedung der Post-2015-Entwicklungsagenda,
69. Tagung der Generalversammlung – Tagesordnungspunkte 13a) und 115,
A/Res/69/315, URL: www.un.org/ga/search/view_doc.asp?symbol=A/RES/70/1&
Lang=E, Abrufdatum: 27.03.2017.

UN (United Nations): Resolution der Generalversammlung, verabschiedet am 01.
September 2015 – 69/315. Entwurf des Ergebnisdokuments des Gipfeltreffens
der Vereinten Nationen zur Verabschiedung der Post-2015-Entwicklungsagenda,
69. Tagung der Generalversammlung – Tagesordnungspunkte 13a) und 115,
A/Res/69/315, 2015b, URL: www.un.org/depts/german/gv-69/band3/ar69315.pdf,
Abrufdatum: 17.04.2018.

UN (United Nations): SDG Report 2018, URL: https://unstats.un.org/sdgs/report/20
18/goal-12/.

UNCED: Agenda 21, New York 1992.

United Nations Department of Economic and Social Affairs (UNDESA): National
Sustainable Development Strategies – the Global Picture 2003; Stand Juli 2004,
URL: www.un.org/esa/sustdev/, Abruf 09.09.2004.

Unruh, G. C.: Understanding carbon lock-in; in: Energy Policy; 28. H. 12 2000 S.
817–830.

Veblen, T.: The theory of the leisure class, Oxford, 2009.

VENRO (Verband Entwicklungspolitik und Humanitäre Hilfe) et al.: Deutschland
und die globale Nachhaltigkeitsagenda 2018 – So geht Nachhaltigkeit! Zivilge-
sellschaftliche Initiativen und Vorschläge für nachhaltige Politik, Bonn 2018.

Victor, P.: Managing without growth – Slower by Design not Disaster, Cheltenham:
Edward Elgar 2008.

Walk Free: Global Slavery Index, 2023, URL: https://www.walkfree.org/global-slave
ry-index/downloads/ Abruf 01.09.2023.

WBGU: Unsere gemeinsame digitale Zukunft, Berlin 2019.

Weller, I.: Nachhaltiger Konsum in Zeiten des Klimawandels, in: Hauff, M. von
(Hrsg.): Nachhaltige Entwicklung. Aus der Perspektive verschiedener Disziplinen, Baden-Baden 2014, S. 75-90.

Weltbank: What a Waste 2.0: A Global Snapshot of Solid Waste Management to 2050,
Washington 2018.

Wilderer, P.: Sustainable Water supply and sanitation – Backbone of civilization, in: Hauff, M. von, Kuhnke, C. (eds.): Sustainable Development Policy –A European Perspective, Routledge, London and New York 2017, S. 297-315.

Zechel, N., Ertel, J.,: Reparieren: Kern der Neuwertwirtschaft, in: Isenmann, R., Hauff, M. von (Hrsg.): Industrial Ecology: Mit Ökologie zukunftsorientiert wirtschaften, München 2007, S. 239-250.

Zink, K. et al.: Das Forschungsprojekt „Nachhaltige Gestaltung internationaler Wertschöpfungsketten – Akteure und Governance-Systeme"(NAWAGO), in: Zink, K. et al. (Hrsg.): Nachhaltige Gestaltung internationaler Wertschöpfungsketten – Akteure und Governance-Systeme, Baden-Baden 2012, S. 9-26.

Wo sich welches Stichwort befindet

Frag doch einfach!
Klare Antworten aus erster Hand

Die utb-Reihe „Frag doch einfach!" beantwortet Fragen, die sich nicht nur Studierende stellen. Im Frage-Antwort-Stil geben Expert:innen kundig Auskunft und verraten alles Wissenswerte rund um das Thema. Die wichtigsten Fachbegriffe stellen sie zudem prägnant vor und verraten, welche Websites, YouTube-Videos und Bücher das Wissen vertiefen. So lässt sich leicht in ein Thema einsteigen und über den Tellerrand schauen.

Bisher sind erschienen:

Claudia Ossola-Haring
Ein Start-up gründen? Frag doch einfach!
2020, 238 Seiten
ISBN 978-3-8252-5436-0

Roman Simschek, Arie van Bennekum
Agilität? Frag doch einfach!
3. Auflage, 2023, 197 Seiten
ISBN 978-3-8252-6055-2

Martin Oppelt
Demokratie? Frag doch einfach!
2021, 202 Seiten
ISBN 978-3-8252-5446-9

Florian Kunze, Kilian Hampel, Sophia Zimmermann
Homeoffice und mobiles Arbeiten?
Frag doch einfach!
2021, 190 Seiten
ISBN 978-3-8252-5664-7

Gerald Pilz
Mobilität im 21. Jahrhundert?
Frag doch einfach!
2021, 230 Seiten
ISBN 978-3-8252-5662-3

Anke Brinkmann, Gabriele Dreilich, Christian Stadler
Virtuelle Teams führen? Frag doch einfach!
2022, 148 Seiten
ISBN 978-3-8252-5780-4

Andreas Koch
Armut? Frag doch einfach!
2022, 179 Seiten
ISBN 978-3-8252-5554-1

Barbara Schmidt
Angst? Frag doch einfach!
2022, 143 Seiten
ISBN 978-3-8252-5687-6

Fabian Kaiser, Arie van Bennekum
Scrum? Frag doch einfach!
2022, 134 Seiten
ISBN 978-3-8252-5974-7

Florian Spohr
Lobbyismus? Frag doch einfach!
2023, 199 Seiten
ISBN 978-3-8252-5688-3

Henrik Bispinck
**Friedliche Revolution und
Wiedervereinigung? Frag doch einfach!**
2023, 185 Seiten
ISBN 978-3-8252-5445-2

Nassim Madjidian, Sara Wissmann
Seenotrettung? Frag doch einfach!
2023, 192 Seiten
ISBN 978-3-8252-6014-9

Arndt Sinn
**Organisierte Kriminalität?
Frag doch einfach!**
2023, 204 Seiten
ISBN 978-3-8252-6100-9

Detlev Frick
Big Data? Frag doch einfach!
2023, 123 Seiten
ISBN 978-3-8252-5442-1

Annegret Braun
Glück? Frag doch einfach!
2023, 172 Seiten
ISBN 978-3-8252-6092-7

Jenny Amelingmeyer / Thomas B. Berger /
Sven Seidenstricker
**Innovationsmanagement?
Frag doch einfach!**
2024, 208 Seiten
ISBN 978-3-8252-6097-2

Matthias Kaufmann
Ethik und Moral? Frag doch einfach!
2024, 199 Seiten
ISBN 978-3-8252-5444-5

Seongcheol Kim
Populismus? Frag doch einfach!
2024, 139 Seiten
ISBN 978-3-8252-6104-7

Anna-Lisa Müller
Migration? Frag doch einfach!
2024, 169 Seiten
ISBN 978-3-8252-5694-4

Petra Jansen
Achtsamkeit? Frag doch einfach!
2024, 158 Seiten
ISBN 978-3-8252-6173-3

Michael von Hauff
**Nachhaltigkeit für Deutschland?
Frag doch einfach!**
2024, 190 Seiten
ISBN 978-3-8252-6353-9